El español venezolano:
una aproximación a su prosodia

Imelda Chaxiraxi Díaz Cabrera

El español venezolano: una aproximación a su prosodia

PETER LANG

Berlin · Bruxelles · Chennai · Lausanne · New York · Oxford

Información bibliográfica publicada por la Deutsche Nationalbibliothek
La Deutsche Nationalbibliothek recoge esta publicación en la Deutsche
Nationalbibliografie; los datos bibliográficos detallados están disponibles en Internet en
http://dnb.d-nb.de.

Library of Congress Control Number: 2025030909

Este libro se ha realizado en el marco del Proyecto de I+D *Estudio comparativo de la entonación y del acento en zonas fronterizas del español* (FFI2014-52716-P). Programa Estatal de Fomento de la Investigación Científica y Técnica de Excelencia. Subprograma Estatal de Generación del Conocimiento (2015-2017, convocatoria 2014). Ministerio de Economía y Competitividad de España.

ISBN 978-3-631-93379-4 (Print)
ISBN 978-3-631-93977-2 (epdf)
ISBN 978-3-631-93978-9 (epub)
DOI 10.3726/b23112

© 2026 Peter Lang Group AG, Lausanne (Suiza)
Publicado por Peter Lang GmbH, Berlin (Alemania)

info@peterlang.com

Todos los derechos reservados.

Esta publicación no puede ser reproducida, ni en todo ni en parte, ni registrada o transmitida por un sistema de recuperación de información, en ninguna forma ni por ningún medio, sea mecánico, fotoquímico, electrónico, magnético, electroóptico, por fotocopia, o cualquier otro, sin el permiso previo por escrito de la editorial.

Esta publicación ha sido revisada por pares.

www.peterlang.com

A mis hijos, Lía y Sem; a mi esposo, Toni; a mis padres y hermana, Carlos, Irene y Ruth: fueron el impulso que me permitió culminar esta monografía.

Índice

Presentación 11

CAPÍTULO 1
El español venezolano y la perspectiva prosódica
1. Introducción 13
2. División dialectal 14
3. Características del español venezolano 18
   3.1. Peculiaridades generales 18
   3.2. El estudio de la entonación 21

CAPÍTULO 2
Los estudios prosódicos de Venezuela en el marco de AMPER
1. Introducción 27
2. Puntos de encuesta e informantes 27
3. Tipos de corpus 30
4. Toma de la muestra, tratamiento y análisis acústico 35
5. Etiquetaje fonético-fonológico 36

CAPÍTULO 3
La entonación a partir de un corpus formal
1. Introducción 39
2. Descripción general 39

3. Descripción de los tonos de frontera y de los acentos tonales ... 42
   3.1. Acento agudo ... 42
   3.2. Acento llano ... 46
   3.3. Acento esdrújulo ... 51
   3.4. Porcentajes de realización de las invariantes y variantes ... 56
4. Distinción fonológica: declarativas vs. interrogativas ... 59
5. Conclusiones ... 62

CAPÍTULO 4
La entonación a partir de un corpus *Map Task*
1. Introducción ... 65
2. Descripción general ... 67
3. Realizaciones de los tonos de frontera y de los acentos tonales ... 68
   3.1. Inicio TA (tónica-átona) y final llano ATA (átona-tónica-átona) ... 69
   3.2. Inicio AT-ATA (átona-tónica o átona-tónica-átona) y final llano ATA (átona-tónica-átona) ... 72
   3.3. Invariantes y variantes ... 76
4. Distinción fonológica: declarativas vs. interrogativas ... 78
5. Conclusiones ... 79

CAPÍTULO 5
Reconocimiento perceptivo de la prosodia venezolana
1. Introducción ... 81
2. El test de percepción ... 82
   2.1. Puntos de encuesta e informantes ... 82
   2.2. Estímulos del test ... 82
   2.3. Los auditores ... 92
   2.4. La encuesta ... 92
3. Resultados ... 93
   3.1. Reconocimiento de la modalidad oracional ... 93
   3.2. Reconocimiento de la variedad ... 96
4. Conclusiones ... 100

CAPÍTULO 6
Estudio dialectométrico
1. Introducción — 103
2. El análisis dialectométrico — 104
    2.1. Los datos acústicos — 104
    2.2. El programa ProDis — 105
3. Resultados — 106
    3.1. Declarativas — 106
    3.2. Interrogativas — 108
    3.3. Declarativas vs. interrogativas — 110
4. Conclusiones — 112

Discusión y conclusiones generales — 115
Referencias bibliográficas — 123
Abreviaturas y siglas utilizadas en esta obra — 133
Agradecimientos — 137

Presentación

La geografía lingüística o geolingüística, surgida a finales del siglo XIX en torno a la dialectología, estudia la variación de la lengua en el espacio —en su dimensión fonética (de tipo segmental), morfológica, sintáctica y léxica— y la refleja sobre mapas. Recoge, según García Mouton (1996), los hechos lingüísticos en unos lugares previamente convenidos, con una metodología estricta, que incluye la encuesta directa, y los distribuye en mapas en los que muestra su localización: estos mapas se agrupan formando atlas lingüísticos. Este tipo de estudios cuenta, desde hace tiempo en Europa, con una larga tradición, sobre todo en Francia. Desde allí, en el Centre de Dialectologie, adscrito a l'Université Stendhal Grenoble 3, Michel Contini nos introduce a finales del siglo XX en un atlas novedoso con la pretensión de plasmar la prosodia del espacio románico y difundirla por internet; nace así el proyecto internacional AMPER (*Atlas Multimédia Prosodique de l'Espace Roman*).

El objetivo de AMPER es estudiar la prosodia de las lenguas y variedades románicas del espacio europeo para, posteriormente, extenderse a varios países latinoamericanos, entre ellos Venezuela, que se vincula bajo la denominación de AMPER-Venezuela en la primera década del siglo XXI bajo la dirección de la profesora Elsa Mora Gallardo de la Universidad de los Andes, coordinadora del proyecto en el país desde sus inicios. El proyecto AMPER supone, así, un auge de los estudios prosódicos venezolanos, concretamente de entonación, cuyo inicio fue tardío en Venezuela, como también en otras variedades de habla del dominio español.

PRESENTACIÓN

La autora de este libro ha participado como investigadora en dos proyectos del plan nacional[1], liderados por la profesora Josefa Dorta de la Universidad de La Laguna, que tenían como objetivo realizar un estudio comparativo de la entonación declarativa e interrogativa de diferentes zonas del español, entre las que se incluía la venezolana. Los trabajos derivados de estos proyectos de investigación han contribuido a un mejor conocimiento de la entonación de la variedad de habla venezolana. No obstante, nos proponemos aquí ofrecer una visión global de la investigación parcelada que se ha llevado a cabo hasta ahora en Venezuela en el marco del proyecto AMPER.

En relación con la estructura del libro, este se inicia con el capítulo titulado «El español venezolano y la perspectiva prosódica» en el que se tratan las características generales del habla venezolana y el estudio de la entonación. El segundo capítulo, «Los estudios prosódicos de Venezuela en el marco de AMPER» detalla los protocolos metodológicos utilizados, consensuados en el marco de dicho proyecto. El tercer y cuarto capítulos, titulados «La entonación a partir de un corpus formal» y «La entonación a partir de un corpus *Map Task*», respectivamente, describen la entonación de la variedad venezolana a partir de un corpus formal que es contrastado con otro de tipo semiespontáneo denominado *Map Task*, un sistema de recogida de datos a partir de mapas. El quinto capítulo «Reconocimiento perceptivo de la prosodia venezolana» tiene como propósito final comprobar la representatividad de los diferentes patrones entonativos venezolanos obtenidos en el corpus formal a partir de la realización de un test de percepción. El sexto capítulo, titulado «Estudio dialectométrico», presenta un estudio de la entonación venezolana según las relaciones de proximidad y distancia prosódica de cinco áreas dialectales del país. El libro se cierra con unas conclusiones generales, las referencias bibliográficas utilizadas y un apéndice con las abreviaturas empleadas.

---

[1] *La entonación interrogativa y declarativa del español de Canarias y su relación con la de Cuba y Venezuela* (2011–2014, FFI2010-16953) y *Estudio comparativo de la entonación y del acento en zonas fronterizas del español* (2015–2018, FFI2014-52716-P).

El español venezolano y la perspectiva prosódica

1. Introducción

La entonación tiene un significativo alcance dentro del proceso de la comunicación, teniendo en cuenta que posee (Quilis, 1993) funciones tanto en el nivel lingüístico como en el sociolingüístico y en el expresivo y, por tanto, la información que se comunica con ella es crucial para poder descodificar el mensaje del interlocutor. No obstante, ha sido uno de los aspectos del lenguaje menos estudiados debido a su complejidad puesto que en el terreno de la fonología y de otras materias no se consideraba sistematizable como los hechos segmentales. Ahora bien Quilis (*ibid.*) advierte en el *Tratado de fonética española* que la sustancia es un *continuum* en el que hay que delimitar las unidades de entonación para obtener elementos discretos y establecer sus patrones melódicos y la naturaleza de sus elementos, esto es, considera que, como los fonemas, los elementos prosódicos poseen forma y sustancia y es desde este último componente del plano de la expresión del que se debe partir para llegar a establecer los constituyentes pertinentes para llegar a la forma.

En relación con el estudio entonativo del español, en 1918 (2004, 28.ª Ed.), Navarro Tomás explica en el *Manual de pronunciación española* que el conocimiento de la entonación, en detrimento del de la articulación de los sonidos, es muy escaso en su tiempo. Esta carencia de estudios entonativos no había cambiado a finales del siglo pasado si tenemos en cuenta las afirmaciones de algunos dialectólogos como Gregorio Salvador (Salvador Caja, 1990) quien llamaba la atención sobre el olvido de los investigadores de la entonación dialectal. Este escenario, sin embargo, comienza a cambiar en la última década del siglo XX y principios del XXI cuando empieza a proliferar la investigación entonativa del español y de sus variedades como, por ejemplo, la venezolana, gracias en gran parte al proyecto AMPER (*Atlas Multimedia de la Prosodia del Espacio Románico*). Con el propósito de situar este proyecto en el marco del estudio de la entonación venezolana, en este primer capítulo repasamos los trabajos que han descrito esta variedad del español desde la perspectiva prosódica.

2. División dialectal

Venezuela, con una extensión territorial de 916 445 km², está ubicada en la parte septentrional de Sudamérica y cuenta con los siguientes límites:

- Por el norte: el mar Caribe es el límite más complejo del país, puesto que sobre él se han establecido límites con los mares territoriales de Trinidad y Tobago, Francia, los Países Bajos, Estados Unidos de América, República Dominicana, Bonaire, Curazao y Aruba.
- Por el sur: limita con Colombia y Brasil.
- Por el este: limita con Guyana y el océano Atlántico.
- Por el oeste: limita con Colombia.

Está conformada por el Distrito Capital, 23 estados y las dependencias federales formadas por un conjunto de 331 islas, islotes y cayos. Es uno de los países del mundo con mayor diversidad cultural (Bondarenko, 2010): a partir del período colonial, se mezclaron indígenas, españoles y africanos, y actualmente la mayoría de los venezolanos tiene una o más de estas ascendencias: 67 % mestizos, 21 % europeos, 10 % negros, 1 % indígenas, con un 1 % de otros (*XIII Censo General de Población y Vivienda*, 2001).

En 1969 (González Cruz, 2009) el Dr. Rafael Caldera, que había ganado las elecciones en diciembre de 1968 y el 11 de junio de 1969, promulgó el Decreto N.º 72 sobre Regionalización Administrativa, en el que se creaba un nivel administrativo intermedio entre los poderes nacionales y las entidades federales, formado por las regiones administrativas. Estas regiones, cuyo número se fijó originalmente en 8, y que después se aumentaría a 9, englobaban varios estados, excepto en el caso de la Región Zuliana, donde coincidía un Estado con una región. Posteriormente, mediante Decreto Ejecutivo N.º 478 de fecha 8 de enero de 1980 se modifican las regiones y se trata de dar un nuevo impulso al proceso de regionalización. Esta organización está basada en criterios que combinan datos geográficos-físicos y estructura político-económica. Las regiones de la República Bolivariana de Venezuela, según Gutiérrez y Colina (2013), están conformadas de la siguiente manera:

- Región Capital: el estado Miranda, el estado Vargas y el Distrito Capital.
- Región Central: estados Aragua, Carabobo y Cojedes.
- Región de Los Llanos: Apure y estados Guárico.
- Región Centro-Occidental: estados Lara, Falcón, Portuguesa y Yaracuy.
- Región de los Andes: estados Táchira, Mérida, Trujillo, Barinas y el municipio Páez del estado Apure.
- Región Zuliana: estado Zulia.
- Región Nor-Oriental: estados Anzoátegui, Monagas y Sucre.
- Región de Guayana: estados Bolívar, Amazonas y Delta Amacuro.
- Región Insular: estado Nueva Esparta y las dependencias federales.

No obstante, la división dialectal de Venezuela no sigue la división político-administrativa anterior. Desde el punto de vista dialectal, existen diferentes clasificaciones del español venezolano que establecen entre dos y diez áreas dialectales. Aunque el español del país presenta variación en las distintas regiones dialectales, según Sedano (2001), tiene como modelo fundamental el habla de Caracas.

Una clasificación bastante extendida es la de Henríquez Ureña (1921) y Rosenblat (1970). Siguiendo un criterio fonético segmental, establecen para Hispanoamérica una separación entre el español de las tierras altas y el de las tierras bajas: las primeras tendrían una pronunciación conservadora de las consonantes y se corresponderían con el español andino; las segundas, con una pronunciación más relajada, con el español caribeño. Rosenblat (1970, p. 39) distingue esas tierras de la manera siguiente: «las tierras altas se comen las vocales, las tierras bajas se comen las consonantes». Como veremos a continuación, diferentes autores siguen esta división bipartita:

- Zamora y Guitart (1982) confirman la división en dos zonas en tanto que las primeras se caracterizan por un consonantismo fuerte y las segundas por uno débil.
- López Morales (1998) especifica algunos aspectos fónicos como, por ejemplo, que en las primeras (las altas) se dan, casi sistemáticamente, los debilitamientos consonánticos (aspiración y pérdida de «s» final, confusión de «l» y «r», aspiración de «j», velarización de «n») mientras que en las segundas (las bajas) el consonantismo final es muy fuerte y mantenido.
- Obediente (1998), teniendo en cuenta la pronunciación, separa la región de los Andes del resto del país: en esta región se encontrarían las tierras altas y en el resto del país, las bajas. Según Obediente, en los Andes se produciría la no-velarización de «-n» posnuclear, a lo que se juntan la no-confusión de «-l» y «-r» implosivas y la presencia (aunque no general es esa región) de «s» apical y «s» asibilada.

Por su parte, Alvarado (1929), a partir de un criterio léxico, ofrece en su *Glosario del bajo español en Venezuela* una división en cuatro zonas:

- Oriente,
- Occidente,
- Cordillera,
- Llanos.

En 1981, Páez Urdaneta reconoce siete subsistemas en el país:

- Subsistema central (incluye la norma culta caraqueña),
- Subsistema centro-occidental,
- Subsistema andino,
- Subsistema nororiental,
- Subsistema zuliano,
- Subsistema de los Llanos,
- Subsistema Guayana.

Basándose en el enfoque de la dialectología perceptiva, Castro y Malaver Arguinzones (2016) estudian el conjunto de valoraciones de cuarenta caraqueños acerca de las subvariedades dialectales del país. Concluyen que hay diez zonas reconocidas: región zuliana, región de los Andes, región oriental, región central, región llanera, los estados Lara, Falcón, Bolívar, Amazonas y Yaracuy. Según las autoras, el hecho de que la región zuliana y la región de los Andes sean las zonas mejor percibidas se explica porque son zonas que poseen rasgos muy diferenciados respecto del habla caraqueña.

Otras clasificaciones, como las de Obregón (1981) y Mora (1996 y 1997), se basan en un criterio entonativo.

Obregón, mediante un criterio fonético-entonativo, distingue cinco zonas:

- Centro (la Región Capital, los estados de Aragua, Miranda y Carabobo),
- Sur-Occidente (los estados de Mérida y Táchira),
- Noroccidente (el estado Zulia),
- Oriente (los estados Nueva Esparta y Sucre),
- Sur (los estados Apure y Guárico).

Por último, Mora propone una división dialectal basada en las características prosódicas. En 1996, la autora realiza su tesis doctoral *Caractérisation prosodique de la variation dialectale de l'espagnol parlé au Vénézuela*, en la que tiene en cuenta el registro tonal, el índice de variabilidad melódica y las características rítmicas de la frase en un corpus de habla espontánea, que la llevan a la distinción de cuatro dialectos: Andes, Centro, Llanos y Zulia. En 1997, realiza un estudio prosódico perceptivo con una muestra de habla de los 23 estados del país y 114 auditores, cuya lengua materna es el español venezolano, y propone la siguiente división dialectal del país (figura 1) en cinco zonas:

- Región Central: Distrito Capital y los Estados de Miranda, Vargas, Carabobo, Aragua, Lara, Yaracuy y Falcón.
- Región de Los Llanos: Estados Portuguesa, Guárico, Cojedes, Apure y Barinas.
- Región Zulia: Estado Zulia.
- Región Los Andes: Estados Táchira, Mérida y Trujillo.
- Región Sur-Oriental: Estados Sucre, Nueva Esparta, Monagas, Anzoátegui, Delta Amacuro, Bolívar y Amazonas.

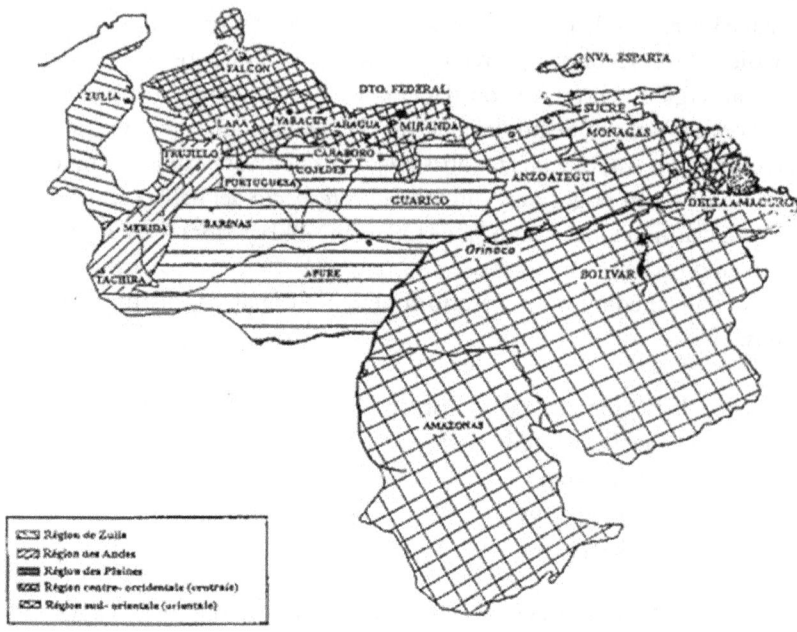

Figura 1: División dialectal de Venezuela (adaptada de Mora, 1997).

Para los estudios entonativos sobre Venezuela, como veremos en los capítulos posteriores, ha sido fundamental esta última división dialectal en zonas geoprosódicas establecida por Mora.

3. Características del español venezolano

3.1. Peculiaridades generales

Con la Conquista española y la llegada del castellano a Venezuela se inició el asentamiento del español venezolano. El castellano se encontró con las lenguas de los indígenas nativos y estas, a su vez, con las africanas de los esclavos llevados al territorio americano por los conquistadores españoles. Este proceso siguió con la inmigración europea, sobre todo durante la Segunda Guerra Mundial. Por ello, Lo Ponte Pérez (2016–2017) afirma que podemos observar el resultado del entrelace de las diversas culturas que se han establecido en Venezuela, y que han formado la identidad del venezolano, a través de varios elementos, como el léxico —nivel donde más fácilmente se evidencia el fenómeno de variación— y modismos que caracterizan a las distintas regiones, que se reflejan también en la manera de ver el mundo y, por lo tanto, en la manera de hablar de los habitantes, en sus hábitos lingüísticos y en sus normas.

Así, si bien el idioma oficial es el español en su variante local, desde el punto de vista lingüístico (Bondarenko, 2010), Venezuela es un país multilingüe o lingüísticamente heterogéneo, donde en el mismo territorio cohabitan diversas lenguas junto con el español, lengua materna del 90 % de la población (según Serrón, 2007), esto es, las lenguas indígenas y las lenguas de las diásporas extranjeras que hacen vida en el territorio nacional. El siguiente cuadro (Bondarenko, 2010) recoge las principales lenguas minoritarias de Venezuela y su número aproximado de hablantes, conforme con los datos del *XIII Censo General de Población y Vivienda* (2001).

N°	Lengua de la comunidad lingüística minoritaria	Número aproximado de hablantes
1.	Lenguas Indígenas (36)	400.000
2.	Lengua italiana	600.000
3.	Lengua portuguesa	500.000
4.	Lengua árabe	400.000
5.	Lengua china	160.000
6.	Alemán Coloniero	10.000
7.	Lenguas de otras diásporas extranjeras	340.000
	TOTAL	2.410.000

Figura 2: Principales lenguas minoritarias de Venezuela y su número aproximado de hablantes (Bondarenko, 2010, p. 177).

No obstante, la reciente evolución de las lenguas indígenas y criollas de Venezuela, según Villalón (2011), muestra que están siendo desplazadas por el castellano a un ritmo que pone en peligro la diversidad lingüística del país. Pese al reconocimiento formal de los pueblos e idiomas originarios y a una legislación muy favorable a sus intereses, predomina por comisión u omisión una praxis institucional de corte neocolonial, homogeneizante y paternalista, incompatible con el mantenimiento de la socio-diversidad.

A pesar de la diversidad lingüística que existe en Venezuela, como se ha mencionado, el español se presenta como lengua materna mayoritaria de la población. La variedad del español que se asentó en esa zona de América después de la conquista procedía de Andalucía y Extremadura, pero, a partir de 1670 (Hernández González, 2008), de Canarias, puesto que el movimiento migratorio de canarios fue masivo a partir de ese año hasta muy recientemente: por ello, podemos afirmar que la huella canaria en la conformación del español hablado en Venezuela fue muy relevante, entendiendo que fue el grupo que más contribuyó a la colonización. Según Frago Gracia (2006, p. 773), «[…] el andalucismo en esta área es en buena medida canariedad, máxime en un siglo XVIII en el cual la emigración isleña fue decisiva para la colonización del país».

En relación con las características generales del español venezolano, en el manual *Dialectología hispánica/ The Routledge Handbook of Spanish Dialectology* (Moreno-Fernández y Caravedo, Ed. 2024), que presenta las últimas investigaciones sobre las variedades actuales de la lengua española en todas sus geografías, Malaver Arguinzones (2024, p. 394–405) las describe en el capítulo 32 tomando como referencia estudios precedentes. Según recoge la autora, como rasgos generales se dan el seseo, el yeísmo, el uso de «ustedes» por «vosotros», el empleo etimológico de los pronombres átonos con función acusativa, es decir, con función de objeto directo y la predominancia de «-ra» en la terminación del subjuntivo. Veamos a continuación con más detalle aspectos del plano fónico segmental que caracterizan el habla venezolana:

- Los fonemas vocálicos se realizan de forma tensa (sin confusiones de timbre) y hay cierta tendencia a la nasalización vocálica entre hablantes de sociolectos bajos.
- La pronunciación velar de /b/ (como «k» o como «g», «objeto-okjeto») en posición implosiva es general en el habla espontánea. Un rasgo que distingue la región andina de la región caribeña es la no-velarización de la nasal implosiva.
- La /s/ implosiva, la pronunciación [h] es la variante más extendida en todo el español venezolano (e[h]tudios, Pa[h]tora, nos vamo[h]).

- El debilitamiento y elisión de /d/ en posición intervocálica (todo~to, nada~ná) ha sido estudiado en los dialectos del centro. La tendencia general que muestran estos estudios es la elisión de /d/ en los contextos de «-ado, -odo, -ada, -ido» («pescao, to, na, dormío, toavía, deo»), tendencia que parece haber aumentado en el habla caraqueña.
- La neutralización de la distinción entre /r/ ~ /l/ en posición implosiva permite caracterizar el español venezolano, puesto que hay zonas en las que se da el rotacismo (la sustitución de /l/ por /r/, como en «sordao» por «soldado») y zonas en las que se da el lambdacismo (la sustitución de /r/ por /l/, como en «calne» por «carne»). En el dialecto oriental costero prevalece el rotacismo, mientras que en Guayana es más frecuente el lambdacismo. En Falcón, específicamente en su capital, Coro, hay tendencia al lambdacismo en el registro popular y en Barquisimeto, estado Lara, no se documenta ninguno de estos fenómenos.

3.2. El estudio de la entonación

Los estudios sobre entonación venezolana fueron bastantes tardíos y su desarrollo inicial estuvo marcado por trabajos de tipo dialectológico. La primera referencia la encontramos en 1971 (Mosonyi) en *El habla de Caracas: estudio lingüístico sobre el español hablado en la capital venezolana*. Una década más tarde, Obregón (1981) publica su trabajo *Hacia el estudio de la entonación dialectal del español de Venezuela*, en el que desarrolla un estudio a partir de algunos patrones que denomina construcciones entonativas.

Posteriormente, en la década de los noventa del pasado siglo, comienza a desarrollarse la investigación entonativa. Los trabajos de Sosa sobre Hispanoamérica dedican un especial apartado a Venezuela: en 1991 publica su tesis doctoral titulada *Fonética y Fonología de la entonación del español hispanoamericano* y en 1999 el manual *La Entonación del español. Su estructura fónica, variabilidad y dialectología*; asimismo, aparecen algunos trabajos sobre alguna región concreta como, por ejemplo, Maracaibo (Chela Flores, 1994; Chela Flores y Sosa, 1999) o Mérida (Mora, 1993; Villamizar, 1998).

Sosa (1991, 1999), en lo que concierne a enunciados declarativos, concluye que la configuración de curvas melódicas declarativas en diversos dialectos americanos estudiados, entre los que incluye el caraqueño, es descendente. El punto alto se encuentra invariablemente sobre la primera sílaba acentuada, después de la cual comienza el descenso, aunque un movimiento final circunflejo es igualmente posible. Según el autor, para las interrogativas absolutas, el rasgo general y común a los dialectos es una altura global mayor que la del enunciado declarativo y, en algunos casos, un tonema circunflejo, efecto de la secuencia H+H*L%, cuya configuración es característica del dialecto caraqueño.

Por su parte, Chela Flores y Sosa (1999) indican que el español hablado en Maracaibo es un ejemplo importante de diferenciación dialectal en lo entonativo. Los hablantes de esta región se distinguen inmediatamente de los hablantes del resto del país y del ámbito hispánico, sobre todo por los rasgos prosódicos en el habla. Los autores estudian cuatro informantes y concluyen que la actividad tonal en los enunciados declarativos marcados del español hablado en Maracaibo difiere del español general tanto en el pretonema como en el tonema. Las variantes encontradas se caracterizan principalmente por la suspensión de la declinación del fundamental y la falta de variación melódica pretonemática: el movimiento prenuclear se mantiene alto antes de la caída final H*L%; solo se registró un descenso a L* en el pretonema en la sílaba acentuada antes de la inflexión circunfleja cuando este movimiento prenuclear no era ascendente.

Villamizar (1998) estudia las frases declarativas del habla rural de Mérida y propone tres patrones para la cordillera andina:

- Patrón 1: con tonema descendente en forma circunfleja, en el cual la cima del pico se encuentra en la última vocal tónica.
- Patrón 2: descendente con un tonema similar al que caracteriza al español general.
- Patrón 3: con un tonema ascendente.

No obstante, a pesar del aumento de los estudios de entonación en Venezuela, el auge de estos tendrá lugar, como veremos a continuación, con el proyecto AMPER.

En 1991, Michel Contini (Contini, 1992), en una comunicación titulada «Pour une géoprosodie romane», presentada en un congreso titulado *Nazioarteko Dialektologia Biltzarra* celebrado en Bilbao, expuso la necesidad de crear un atlas multimedia en el que plasmar la prosodia del espacio románico. Posteriormente, en el año 2001, se celebró un primer encuentro en el Centre de Dialectologie de l'Université Stendhal-Grenoble III con investigadores de diferentes países para dar a conocer el proyecto AMPER (Contini, 2005). Este enlaza con la generación de macroatlas (atlas de grandes dominios)[2], con la peculiaridad de ser el primero que trata de prosodia y uno de los primeros en concebirse como atlas multimedia. En la actualidad, AMPER cuenta con los siguientes nueve dominios (Martínez Celdrán et al. Coord., 2003-2020).

Tabla 1: Dominios lingüísticos AMPER

Dominio lingüístico	Responsable	Universidad
Galorománico	Dr. Michel Contini-Jean-Pierre Lai	Université Stendhal Grenoble 3
Italorománico	Dr. Antonio Romano	Università di Torino
Portugués	Dra. Lurdes de Castro Moutinho	Universidade de Aveiro
Rumano	Dr. Adrián Turculet	Universitatea «Alexandru Ioan Cuza» de Iasi
Español	Dr. Eugenio Martínez Celdrán	Universitat de Barcelona
Catalán	Dr. Eugenio Martínez Celdrán	Universitat de Barcelona
Asturiano	Dra. Carmen Muñiz Cachón	Universidad de Oviedo
Gallego	Dra. Elisa Fernández Rey	Universida de Santiago de Compostela
Friulano	Dr. Paolo Roseano	Universitat de Barcelona

El objetivo principal del proyecto AMPER consiste en describir la prosodia de las lenguas románicas y en reflejar los resultados en mapas que se pueden consultar, visual y perceptivamente, a través de internet[3]. Como veremos en el capítulo 2, el propósito inicial es estudiar oraciones de la modalidad enunciativa e interrogativa absoluta emitidas como habla de laboratorio, habla inducida y habla espontánea. El proyecto, como se ha dicho, está en marcha

---

[2] La *geografía lingüística* es un método dialectológico que estudia la variación de la lengua en el espacio y la refleja sobre mapas, que son los que se agrupan formando atlas lingüísticos. El método nace a finales del siglo XIX y principios del XX y su fundador fue Jules Gilliéron. Para más información sobre la geografía lingüística, véase García Mouton, 1996.

[3] Puede ampliarse la información sobre el proyecto AMPER en c http://stel.ub.edu/labfon/amper/cast/index_ampercat.html.

en los diferentes países europeos y de América Latina (Chile, Venezuela, Argentina, Brasil, Costa Rica, Bolivia y Cuba). El dominio lingüístico del español[4] (AMPER-España e Iberoamérica) pretende describir y caracterizar la prosodia de las oraciones declarativas e interrogativas del español con sus variedades europeas y americanas. Entre estas últimas variedades representadas en el proyecto AMPER está el español venezolano: la profesora Elsa Mora Gallardo, de la Universidad de Los Andes, coordina el proyecto en el país desde sus inicios.

Los objetivos del desarrollo del proyecto internacional en Venezuela son los siguientes (Mora et al., 2008 a):

1. Contribuir a la realización de un Atlas Multimedia Prosódico de las Lenguas Románicas, llevando a cabo el proyecto en Venezuela en sus diferentes áreas dialectales.
2. Comparar la prosodia de las diferentes áreas dialectales venezolanas.
3. Comparar la prosodia de las diferentes áreas dialectales venezolanas con las de otras lenguas románicas.
4. Proporcionar a los investigadores una base de datos multimedia donde se presenten en mapas los puntos geográficos encuestados y en la que se ofrezca la posibilidad de oír las pronunciaciones más diversas y los análisis más relevantes llevados a cabo en torno a la prosodia.
5. Validar los métodos y los rasgos utilizados para analizar y describir la prosodia.

El primer estudio de la entonación venezolana vinculado a AMPER (Mora et al.) surge en 2007: en él se presenta un informe de avance del proyecto y los primeros resultados referidos a una mujer de Mérida. A partir de este estudio preliminar, los primeros trabajos de AMPER-Venezuela se centraron específicamente en la variedad merideña (*v. gr.* Mora et al., 2007; Méndez, Mora y Rojas, 2008; Méndez Seijas, 2010). Entre los principales resultados, se concluye que las declarativas sin expansión en el objeto (Mora et al., 2007) presentan

---

[4] Como se ha dicho en la tabla 1, el responsable del dominio del español es el Dr. Eugenio Martínez Celdrán. No obstante, la amplitud de este dominio ha determinado la elección de dos vicecoordinadoras: la Dra. Josefa Dorta para el español de España y de algunas zonas americanas, como Cuba, Colombia o Texas, y la Dra. Yolanda Congosto Martín para el resto del español americano.

una trayectoria de frecuencia fundamental que coincide con la registrada en el español general. No obstante, cuando la declarativa tiene expansión en el objeto, la configuración final es circunfleja y se corresponde con uno de los patrones registrados por Villamizar (1998) en el habla rural andina. Las interrogativas sin expansión y con expansión (Méndez, Mora y Rojas, 2008) se caracterizan por un movimiento circunflejo final. Posteriormente, en Méndez Seijas (2010), se contrastan las dos modalidades oracionales a partir de la interacción de los parámetros F0 y duración y se llega a la siguiente conclusión:

> Hay una relación inversa entre el campo tonal y el campo durativo: un menor campo tonal interactúa con un mayor campo durativo en la configuración de frases declarativas; en las interrogativas sucede lo contrario: menor campo durativo y mayor campo tonal (Méndez Seijas, 2010, p. 160).

En 2008 (Mora et al., 2008 b) se estudia el reconocimiento perceptivo de la entonación andina por parte de estudiantes venezolanos a partir de las emisiones sintetizadas con contenido léxico y resintetizadas[5] de las modalidades declarativa e interrogativa. Los resultados obtenidos para las secuencias resintetizadas son similares a los de otras variedades: 82 % y 74 % de aciertos en declarativas e interrogativas, respectivamente.

En la actualidad, además de la zona andina, varios trabajos (v. gr. Díaz, 2023; Díaz y Dorta, 2018 a y b: Díaz, Muñetón y Dorta, 2017; Díaz y Jorge, 2019; Díaz et al., 2020; Dorta y Díaz, 2018 a y b; Dorta y Díaz, 2021; Dorta, Díaz y Hernández, 2018; Dorta et al., 2013 b) realizados con la metodología de AMPER, atienden a otras zonas geoprosódicas de entre las propuestas por Mora (1996 y 1997). Estas están representadas por el distrito capital (Caracas) y el estado Aragua (Maracay) para la región central, el estado Barinas (Barinas) para Los Llanos, el estado Zulia (Maracaibo) para la región del Zulia, el estado Mérida (Mérida) para Los Andes y el estado Bolívar (Ciudad Bolívar) para la región Suroriental. Estos trabajos previos nos ofrecen una visión parcelada de la entonación venezolana. Por ello, el objetivo del presente libro, como se dijo en la Presentación del mismo, es dar una noción global del fenómeno entonativo en el marco de AMPER-Venezuela.

---

[5] Los estímulos resintetizados están desprovistos de carga léxico-semántica, aunque conservan las características sintácticas y prosódicas de las oraciones originales.

Los estudios prosódicos de Venezuela en el marco de AMPER

1. Introducción

Como vimos en el capítulo anterior, AMPER corresponde a las siglas de «Atlas Multimedia de la Prosodia del Espacio Románico». Según Fernández Planas (2005), la idea inicial la expuso Michel Contini en 1991 (Contini, 1992) y la concreción de algunos aspectos metodológicos, a partir de la tesis doctoral de Antonio Romano en 1999, constituyó un impulso decisivo en la maduración del proyecto. En un proyecto internacional que implica a diversos grupos de investigadores es fundamental que haya unos criterios metodológicos rigurosos y comunes (Contini, 2005; Romano, Lai y Roullet, 2005; Fernández Planas, 2005). No obstante, cada grupo tiene libertad para decidir aspectos como la elección de los puntos de encuesta o la confección del corpus siguiendo las directrices generales. De este modo, en este segundo capítulo se describe la metodología de AMPER aplicada al español de Venezuela.

2. Puntos de encuesta e informantes

Como se adelantó en el capítulo anterior, Mora (1996 y 1997), tras revisar las propuestas de división dialectal del español americano y las de las áreas dialectales venezolanas, propone una del país basada en características prosódicas. Esta es la siguiente:

- Región Central: Distrito Capital y los Estados de Miranda, Vargas, Carabobo, Aragua, Lara, Yaracuy y Falcón.

- Región de Los Llanos: Estados Portuguesa, Guárico, Cojedes, Apure y Barinas.
- Región Zulia: Estado Zulia.
- Región Los Andes: Estados Táchira, Mérida y Trujillo.
- Región Sur-Oriental: Estados Sucre, Nueva Esparta, Monagas, Anzoátegui, Delta Amacuro, Bolívar y Amazonas.

En el marco de AMPER-Venezuela se inicia el estudio partiendo de esta división con los puntos de encuesta en cada región que se pueden ver en la figura 1.

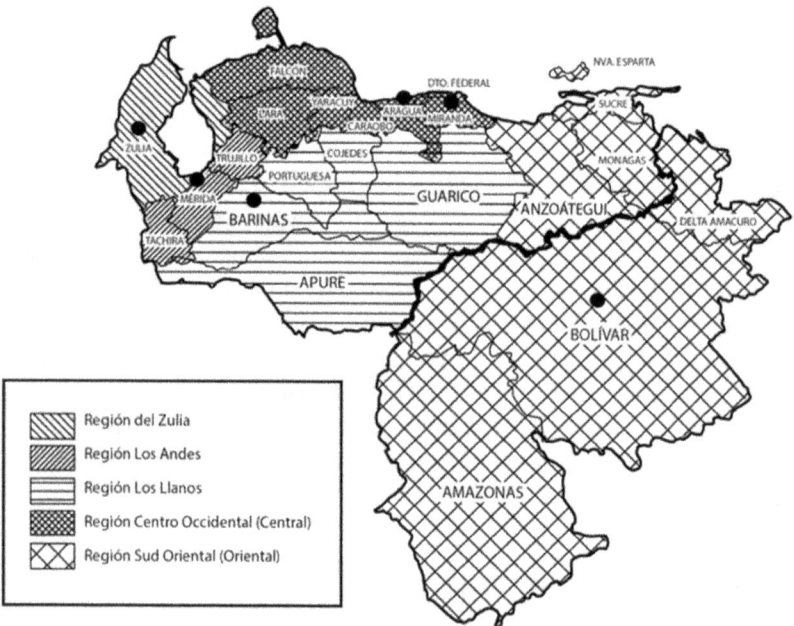

Figura 1: Puntos de encuesta en Venezuela (adaptada de Mora 1997, p. 98).

Como se puede observar en la figura anterior, los puntos de encuesta son seis: distrito capital (Caracas) y el estado Aragua (Maracay) para la región central, el estado Barinas (Barinas) para Los Llanos, el estado Zulia (Maracaibo) para la región del Zulia, el estado Mérida (Mérida) para Los Andes y el estado Bolívar (Ciudad Bolívar) para la región Suroriental.

En cuanto a población total de Venezuela, esta es de unos 33 199,331 habitantes. En la figura 2, se puede examinar la lista de puntos de encuesta ordenados por población según el censo oficial del año 2021 elaborado por el CNE (Consejo Nacional Electoral). Se puede observar que, de los 6 puntos, el más poblado es Zulia.

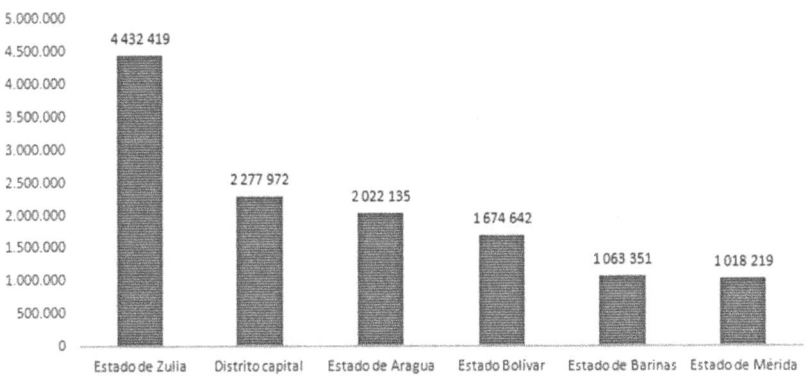

Figura 2: Población de los puntos de encuesta según el CNE (2021).

En relación con los informantes, AMPER considera a los de ambos sexos, que hayan nacido y sean residentes en los puntos de encuesta —urbano o rural—, que tengan entre 25 y 55 años, y que cuenten con estudios básicos y con estudios superiores. En este libro se han seleccionado ocho informantes representativos —seis mujeres y dos hombres[6]—, procedentes de zonas urbanas y que carecen de estudios superiores. En la tabla 1 se pueden ver sus características.

---

[6] De Aragua, Caracas, Zulia y Barinas no hemos podido analizar datos de la voz masculina debido a que las entrevistas realizadas resultaron defectuosas y, por ello, fueron desechadas.

Tabla 1: Informantes

INFORMANTES				
Código		Punto de encuesta	Edad	Nivel de estudios
Mujeres	Hombres			
AVc21[7]		Caracas	25–55 años	Sin estudios superiores
AVc01		Aragua		
AVb11		Barinas		
AVe01		Zulia		
AVa01	AVa02	Mérida		
AVd21	AVd22	Bolívar		

3. Tipos de corpus

AMPER considera cuatro tipos de corpus que presentan distintos grados de formalidad: 1) el experimental fijo o formal, 2) el inducido o situacional, 3) sistema *Map Task*, 4) la conversación o monólogo libre. Los corpus 2-3-4 básicamente cumplen la función de asegurar por comparación que el corpus 1, el que efectivamente aparecerá en el atlas, presenta una prosodia natural (Fernández Planas, 2005). A continuación, detallamos cada uno de ellos.

1) *Experimental fijo o formal:* se trata de un corpus cercano al habla de laboratorio y obtenido mediante elicitación textual. Esto permite un mayor control de las variables al tiempo que produce una entonación más neutra, sin matices emocionales. Está constituido por un conjunto de oraciones declarativas e interrogativas absolutas no pronominales de 11 sílabas del tipo *SN* (*sintagma nominal*) + *SV* (*sintagma verbal*) + *SPrep* (*sintagma preposicional*), y otro conjunto de 14 y de 15 sílabas con

---

[7] Para la identificación de los informantes, se ha seguido la codificación de AMPER, donde cada carácter se corresponde con determinado rasgo diatópico o sociolingüístico: primer dígito, dominio: A= español americano; segundo dígito, país: V= Venezuela; tercer y cuarto dígito, región y punto de encuesta: c= Centro (0= Aragua, 2= Distrito Capital), b= Llanos (1= Barinas), e= Zulia (0= Zulia), a= Andes (0= Mérida), d= Oriente (2= Bolívar); quinto dígito, sexo, zona y nivel de estudios: 1= femenino, urbano, sin estudios superiores, 2= masculino, urbano, sin estudios superiores.

expansión en el sintagma nominal o en el preposicional. El núcleo del sintagma verbal siempre es llano. El sintagma nominal y el preposicional, con independencia de estar situados en los extremos y de tener expansión o no, cuentan como núcleo una palabra trisílaba de diferente tipología acentual, es decir una palabra aguda, llana o esdrújula, con el objeto de ver cómo se insertan sus movimientos tonales en el contorno global de la oración. Ejemplo de este tipo de oraciones son las siguientes: «El copetón cantaba con emoción», «El perico cantaba con paciencia» o «La tórtola cantaba con técnica».

2) *Situacional o inducido:* se consigue mediante el planteamiento de un supuesto al informante de cuestiones de uso muy cotidiano como, por ejemplo, «¿Cómo pregunta por la hora habitualmente?», «¿Cómo saluda a un vecino?», etc.

3) *Map Task:* este sistema ha sido desarrollado por el Human Communication Research Center para la grabar el HCRC Map Task Corpus en 1991(Anderson et al., 1991; The HCRC Map Task Corpus, 2008). Se obtiene mediante un sistema de recogida de datos a partir de dos mapas: el del informante —*Instruction Follower*— y el del entrevistador —*Instruction Giver*—; ambos deben salir de un punto geográfico y llegar a un destino determinado. Puesto que los dos mapas son similares, pero no idénticos, ello motivará una serie de preguntas y respuestas por parte de ambos intervinientes[8]. Puede verse un ejemplo de este tipo de mapas desarrollado por el Human Communication Research Center en la siguiente figura.

A continuación, presentamos los mapas utilizados en este trabajo siguiendo las directrices del proyecto AMPER.

---

[8] The Map Task is a cooperative task involving two participants. The two speakers sit opposite one another and each has a map which the other cannot see. One speaker – designated the Instruction Giver – has a route marked on her map; the other speaker – the Instruction Follower – has no route. The speakers are told that their goal is to reproduce the Instruction Giver's route on the Instruction Follower's map. The maps are not identical and the speakers are told this explicitly at the beginning of their first session. It is, however, up to them to discover how the two maps differ (HCRC Map Task Corpus, 2008).

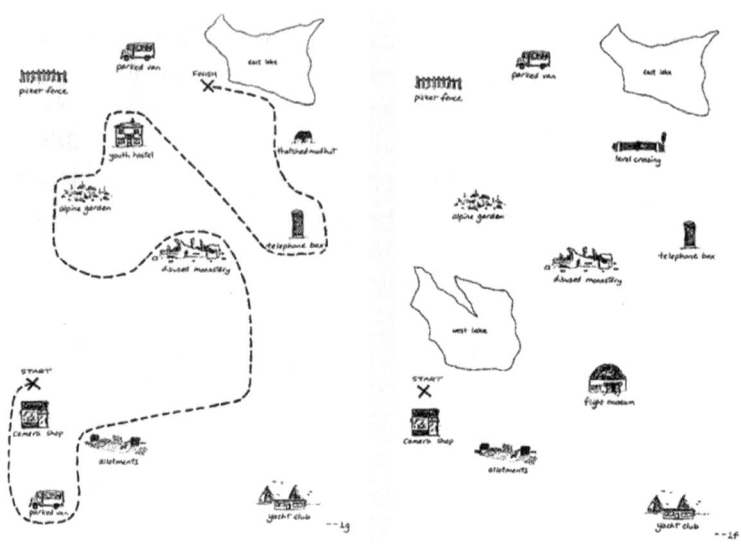

Figura 3: Mapas para la obtención del corpus *Map Task* adaptados de HCRC *Map Task* Corpus (2008): a la izquierda, el del *Instruction Giver*; a la derecha, el mapa del *Instruction Follower*.

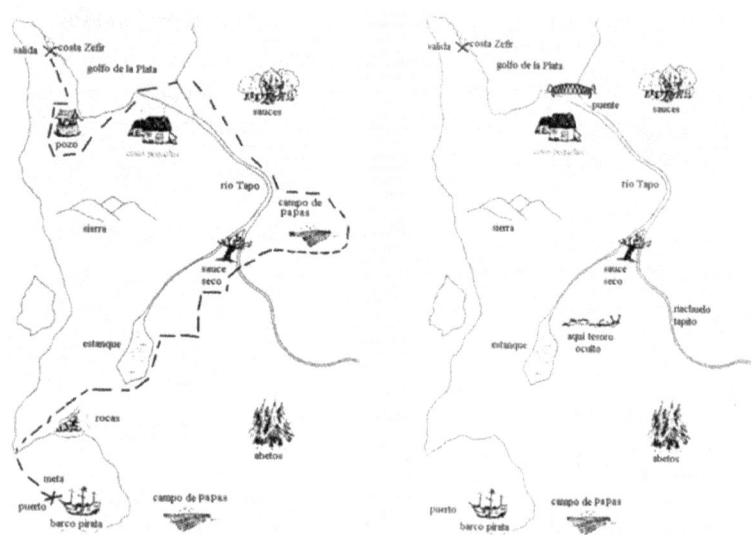

Figura 4: Mapas para la obtención del corpus *Map Task* en este trabajo: a la izquierda, el del entrevistador; a la derecha, el mapa del informante.

4) *Conversación libre*: conversación entre el informante y el entrevistador sobre temas cotidianos, sin ninguna restricción ni condicionante.

En este libro hemos estudiado, en ambas modalidades, las oraciones sin expansión del corpus experimental fijo (capítulo 3). Estas dan como resultado en este tipo de corpus 9 declarativas y 9 interrogativas, lo que supone 144 oraciones si consideramos los 8 informantes. Como se han realizado tres repeticiones de cada oración, el corpus final implica 432 secuencias. En la figura 5 se puede ver un ejemplo de declarativa e interrogativa de la mujer de Aragua (en la región central).

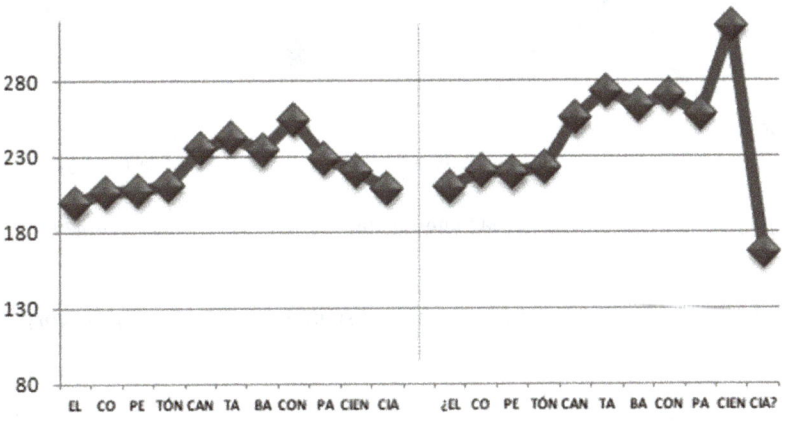

Figura 5: Ejemplos de declarativa e interrogativa emitidos por la mujer de Aragua.

Para confirmar los resultados, el corpus anterior se contrasta con uno de los corpus más espontáneos, concretamente el *Map Task* (capítulo 4). Como puede deducirse, el corpus que se obtiene con este tipo de métodos es más espontáneo, pero a la vez controlado. De ahí que, considerando el grado de naturalidad, el habla analizada sea semiespontánea. En este trabajo hemos elegido, en función de los patrones entonativos obtenidos en el corpus formal, cuatro puntos de encuesta de los seis estudiados en el otro corpus y cinco de los ocho informantes: Aragua (mujer), Barinas (mujer), Mérida (hombre) y Bolívar (mujer y hombre). Para los intereses del presente trabajo se han extraído 94 oraciones (66 declarativas y 28 interrogativas absolutas neutras) con esquema acentual final *llano* (tónica-átona [TA] o átona-tónica-átona [ATA]) que es el más frecuente en español (79,5 % según Quilis, 1983). Véase un ejemplo en la figura 6 de la mujer de Aragua (en la región central).

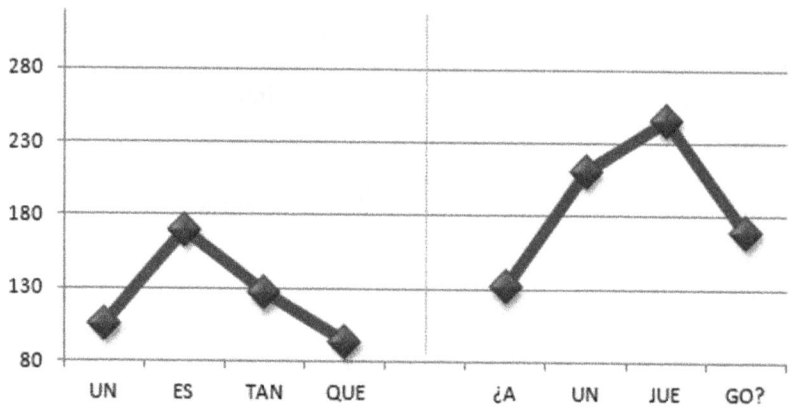

Figura 6: Ejemplos de declarativa e interrogativa emitidos por la mujer de Aragua.

En la siguiente tabla (2) se puede ver la distribución de cada tipo de corpus por informante.

Tabla 2: Corpus analizado

	Informantes	CORPUS		
			Experimental fijo	*Map Task*
Aragua	Mujer	AVc01	54	13
Caracas	Mujer	AVc21	54	-
Barinas	Mujer	AVb11	54	18
Zulia	Mujer	AVe01	54	-
Mérida	Mujer	AVa01	54	-
	Hombre	AVa02	54	24
Bolívar	Mujer	AVd21	54	24
	Hombre	AVd22	54	15
		TOTAL	432	94	526

4. Toma de la muestra, tratamiento y análisis acústico

Las encuestas se realizaron en el lugar de residencia de los informantes[9] para que las emisiones tuvieran una mayor naturalidad. Las grabaciones se realizaron con un ordenador portátil y, posteriormente, la señal se optimizó con el programa *Goldwave Digital Audio Editor* (versión 4.25) para convertir cada una de las oraciones en ficheros *.wav* y eliminar los posibles ruidos. De este modo, la señal resultante tiene una frecuencia de muestreo de 16 kHz (kilo Herzios).

El análisis acústico del corpus experimental fijo se realizó con el programa AMPER2006. Las subrutinas de este programa fueron diseñadas en el entorno *Matlab*[10] por el Laboratorio de Fonética de la Universidad de Oviedo (grupo AMPER-Astur, Brezmes Alonso, 2007) a partir de las subrutinas que creó anteriormente Antonio Romano (1995) del Laboratorio di Fonetica Sperimentale '*Arturo Genre*' dell'Università di Torino.

El análisis acústico tiene diferentes fases y cada secuencia es pasada por una serie de subrutinas. Mediante estas se hace una segmentación de las vocales en el oscilograma que se analizan como bloques discretos asignándoles tres valores de F0 (inicio, medio y final), uno de duración y otro de intensidad. De los tres parámetros implicados en la entonación (F0, duración e intensidad), en este libro nos centramos en el estudio de la F0 en el centro del núcleo de la sílaba. Las diferencias tonales se valoran teniendo en cuenta aquellas que alcancen o superen el semitono y medio. Este valor fue ofrecido por Rietveld y Gussenhoven (1985) y ratificado por Pamies Bertrán et al. (2002) para el español.

Los resultados del análisis acústico realizado con el programa son, fundamentalmente, una serie de gráficos, archivos de texto (.txt) que contienen los datos de F0 —en Hz y St—, duración e intensidad de las emisiones de los informantes y, por último, archivos sintetizados desprovistos de carga léxico-semántica (.ton). Estos últimos son los utilizados para realizar los test de percepción, como el que se presenta en el capítulo 5.

El corpus *Map Task* se analizó con el programa Praat (Boersma & Weenink, 2019, versión 6.0.50) siguiendo los mismos criterios que en el corpus experimental fijo.

---

[9] El corpus grabado fue cedido por la profesora Elsa Mora.
[10] Licencia n.º 256105. Para más información sobre el programa y las subrutinas creadas por el Centre de Dialectologie de Grenoble, véase Fernández Planas (2005); sobre la adaptación realizada por el grupo Amper*Astur*, véase López Bobo et al., 2007.

5. Etiquetaje fonético-fonológico

La interpretación fonético-fonológica se realizó con el sistema ToBI (*Tones and Break Indices*) en el marco del modelo Métrico-Autosegmental. Este modelo se puso de actualidad a partir de la tesis doctoral de Pierrehumbert (1980): la primera propuesta de transcripción entonativa para el español la realizó Beckman et al. (2002), bajo la denominación de Sp_ToBI (*Spanish Tones and Break Indices*), y fue revisada, posteriormente, por diferentes autores (Hualde, 2003; Fernández Planas y Martínez Celdrán, 2003; Estebas y Prieto, 2008; Prieto y Roseano Eds., 2010; Dorta et al., 2013 a; Hualde & Prieto, 2015; Dorta y Díaz, 2018 c).

Este sistema de etiquetaje describe los contornos melódicos teniendo en cuenta dos unidades fonológicas: 1) los *acentos tonales*, asociados al acento léxico; 2) los *tonos de frontera*, alineados con las fronteras melódicas o prosódicas. La representación de ambas unidades se hace mediante dos niveles extremos, esto es, el alto marcado con **H** (*High tone*) y el bajo marcado con **L** (*Low tone*). Cuando estos niveles están asociados a la sílaba acentuada se marcan con *, mientras que cuando se alinean con las fronteras mayores se etiquetan con el símbolo %.

La propuesta de la que parte este libro es la de Dorta et al. (2013 a) modificada, posteriormente, por Dorta y Díaz (2018 c). Véase en las siguientes tablas el sistema de invariantes y variantes de los acentos tonales y tonos de frontera extraídos de Dorta y Díaz (2018 c).

Tabla 3: Acentos tonales invariantes y variantes (adaptada de Dorta y Díaz, 2018 c)

ACENTOS TONALES	
Estructura profunda	Estructura superficial
Invariantes	Variantes
/L*+H/	[L*+H]
	[L*+¡H]
/L+H*/	[L+H*]
	[L+¡H*]
	[L+>H*]
/L*/	[L*]
	[L*+H]
	[L*+¡H]
	[¡H+L*]

ACENTOS TONALES	
Estructura profunda	Estructura superficial
Invariantes	Variantes
/H*/	[H*]
	[¡H*]
	[!H*]
	[L+H*]
	[L+¡H*]
/L+!H*/	[L+!H*]

Tabla 4: Tonos de frontera invariantes y variantes (adaptada de Dorta y Díaz, 2018 c)

TONOS DE FRONTERA	
Estructura profunda	Estructura superficial
Invariante fonológica	Variantes
/%H/ - /H%/	[%H] - [H%]
/%M/ - /M%/	[%M] - [M%]
	[%MH] - [MH%]
	[%ML] - [ML%]
/%L/ - /L%/	[%L] - [L%]
	[HL%]

Esta propuesta nace de la discrepancia en los aspectos metodológicos que existía hasta entonces entre los distintos autores:

1) Se rechaza el etiquetaje prosódico obtenido a partir de la mera interpretación de los movimientos tonales que se dan en una curva melódica sin comprobar la importancia relativa de dichos movimientos para que las variaciones tonales puedan ser cuantificables. Por ejemplo, en el primer acento tonal de la oración, si el intervalo valle-tónica supera el umbral se etiqueta [L+H*], siempre que el pico se sincronice con la tónica; si el pico se da en una vocal posterior se anota [L+>H*]; se etiqueta [L*+H], en cambio, si el ascenso inicial culmina después de la tónica y el movimiento no alcanza el semitono y medio en el intervalo valle-tónica.

2) Como otros autores (Fernández Planas y Martínez Celdrán, 2003), dicha propuesta considera preciso deslindar las estructuras fonológicas de las

fonéticas, esto es, las estructuras profundas o invariantes tonales de las superficiales o variantes tonales. En el etiquetaje ofrecido en el ejemplo anterior, [L+>H*] y [L+H*] son variantes de /L+H*/. Este acento bitonal describe una subida de F0 significativa desde el valle (L) a la tónica (H*) con independencia de que el pico se sincronice ([L+H*]) o no con esta ([L+>H*]); [L*+H], sin embargo, es variante de /L*+H/, esto es, acento bitonal ascendente con tónica baja y pico posterior.

La entonación a partir de un corpus formal

1. Introducción

En este capítulo[11] se realiza una descripción del corpus formal de los puntos de encuesta detallados en el capítulo 2 del presente libro. Como se dijo, estos son los siguientes: distrito capital (Caracas) y el estado Aragua (Maracay) para la región central, el estado Barinas (Barinas) para Los Llanos, el estado Zulia (Maracaibo) para la región del Zulia, el estado Mérida (Mérida) para Los Andes y el estado Bolívar (Ciudad Bolívar) para la región Suroriental.

La estructura de este tercer capítulo consta en lo que sigue de cuatro apartados: en el segundo se hace una descripción general a partir de las medias generales de los datos; seguidamente, el tercer apartado se centra en la estructura acentual de las curvas para, a continuación, en el apartado cuarto profundizar en la distinción fonológica de las dos modalidades oracionales. Finalmente, en el último apartado se exponen las principales conclusiones a las que se ha llegado.

2. Descripción general

Las declarativas se caracterizan por presentar en el núcleo entonativo dos patrones en las mujeres y uno en los hombres. Así, se da una entonación final descendente en las mujeres de Caracas, Aragua, Bolívar, Zulia y Barinas y una

---

[11] Este capítulo es una síntesis de otro publicado en Díaz y Dorta (2018 b).

configuración generalmente circunfleja en Mérida. Esta última se registra en los hombres de Bolívar y Mérida: no obstante, como veremos en los siguientes subapartados, solo puntualmente puede considerarse relevante dicho movimiento. Por su parte, las interrogativas tienen dos patrones diferentes en las mujeres y uno en los hombres: en las mujeres de Zulia y de Barinas[12] se da una configuración descendente; en las de Caracas, Aragua, Bolívar y Mérida, una circunfleja; esta última es la de los hombres de Bolívar y Mérida.

La figura 1 ilustra el comportamiento descendente del núcleo entonativo de las declarativas de la mujer de Aragua y el patrón circunflejo del hombre de Mérida; en la figura 2, mostramos un ejemplo de los patrones interrogativos correspondientes a la mujer de Barinas (el descendente) y al hombre de Bolívar (el circunflejo). En la tabla 1[13] se muestran algunos datos obtenidos a partir de las medias generales de declarativas e interrogativas.

Como puede verse, en ambas modalidades, el TM de los hombres se sitúa por debajo del de las mujeres, más en el patrón circunflejo que en el descendente: la diferencia es de 7,2 y 4,4 St en declarativas y de 5,7 y 3,7 St, en el patrón circunflejo y descendente, respectivamente.

En relación con el RTM, si bien hay variación en la amplitud de este, no influye mucho la diferencia de patrones, pues en declarativas el rango mayor se da en el patrón circunflejo, pero con una diferencia imperceptible respecto del descendente de mujeres y hombres. En interrogativas, el RTM del único patrón de los hombres es similar al equivalente de las mujeres (1,1 St mayor) y, en estas, el patrón descendente es significativamente mayor que el circunflejo (1,9 St).

Por último, si consideramos la pendiente I-F, en declarativas es descendente en todos los casos, con un valor que supera el umbral perceptivo, salvo en los agudos y esdrújulos del patrón circunflejo de las mujeres. En interrogativas, si el patrón es descendente, como en la otra modalidad, la pendiente tiene un valor negativo; si es circunflejo, en cambio, es negativo en los acentos llanos y esdrújulos, pero positivo en los agudos, teniendo en cuenta que se da un truncamiento tonal del final, esto es, el hecho de que el acento caiga en la última sílaba impide que la F0 prospere tras ella.

---

[12] Teniendo en cuenta que no hemos podido analizar sino los hombres de Bolívar y de Mérida, desconocemos si en estas dos zonas se da en voz masculina el patrón descendente del que hablamos.

[13] En la tabla: F0= frecuencia fundamental; Hz= hercios; RTM =rango tonal medio; TM= tono medio; St= semitonos; PI-F= pendiente inicio-final; A= agudo, LL= llano, E= esdrújulo.

DESCRIPCIÓN GENERAL

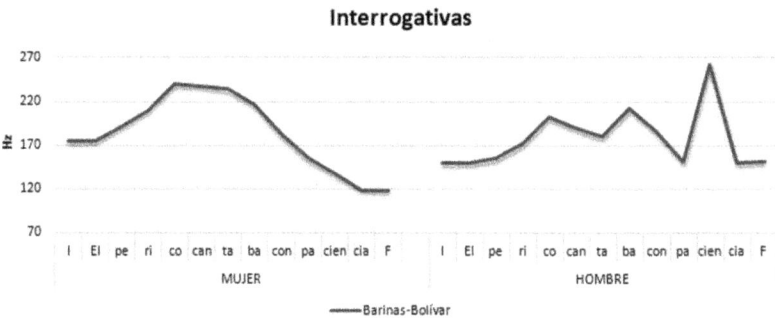

Figuras 1-2: Declarativa (izquierda) emitida por la mujer de Aragua y el hombre de Mérida; Interrogativa (derecha) emitida por la mujer de Barinas y el hombre de Bolívar.

Tabla 1: Valores medios de las declarativas e interrogativas en mujeres y hombres

Modalidad		Datos generales				
		Declarativas		Interrogativas		
Patrón		Descendente	Circunflejo	Descendente	Circunflejo	
Sexo		Mujeres	Hombres	Mujeres	Mujeres	Mujeres	Hombres
Mínimo F0 Hz		170	132	200	161	203	151
Máximo F0 Hz		238	187	303	266	301	238
RTM (St)		5,8	6	7,2	8,7	6,8	7,9
TM (Hz)		170	132	200	226	255	183
PI-F (St)	Final A	-2,4	-1,7	-0,1	-5,2	3,9	5,2
	Final LL	-2,6	-3,2	-2,1	-6,5	-2,6	-1,1
	Final E	-3,5	-2,7	-0,3	-4,7	3	-1,2

3. Descripción de los tonos de frontera y de los acentos tonales

Para describir la entonación de las dos modalidades oracionales, se ha tenido en cuenta el tipo acentual agudo, llano y esdrújulo en los inicios y finales. En el primer apartado (3.1) se muestran los resultados de las oraciones que comienzan y terminan por palabra aguda, en el segundo (3.2) por llana, en el tercero (3.3) por esdrújula y, en el cuarto (3.4), se incluyen tablas con las invariantes y variantes según cada una de las variables consideradas.

3.1. Acento agudo

Presentamos, en primer lugar, la media de la oraciones declarativas e interrogativas con inicios y finales agudos (figuras 3–4 y tabla 2[14]) en las mujeres y hombres.

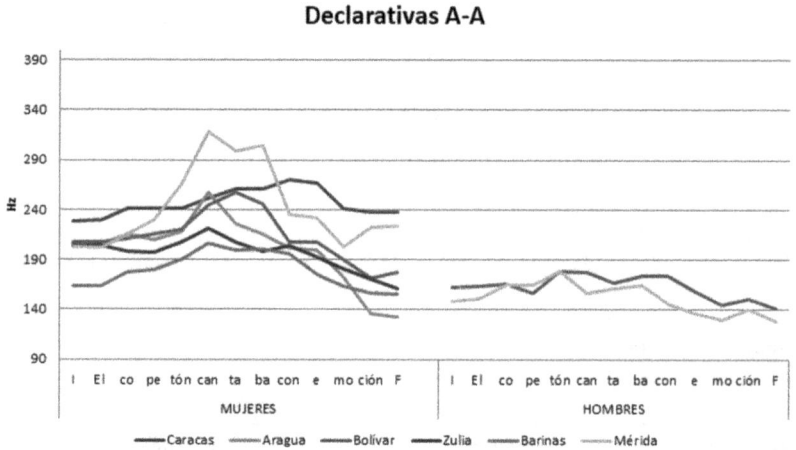

Declarativas A-A

---

[14] En la tabla: M= mujeres, H= hombre; D= declarativa, I= interrogativa; Car. = Caracas, Ara.= Aragua, Zul.= Zulia, Bar.= Barinas, Mér.= Mérida; Inf.= informantes, Loc.= localización, Mod.= modalidad, Inv.= invariantes, Var.= variantes.

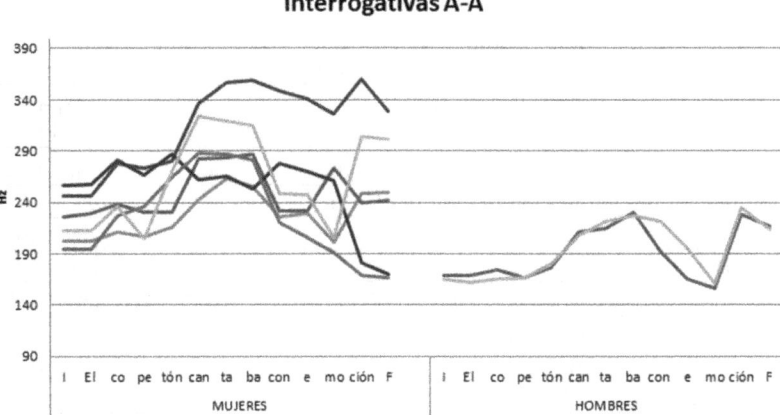

Figuras 3–4: Media de las oraciones declarativas e interrogativas con SN agudo + V llano + O agudo[15]

Tabla 2: Acentos tonales y variantes en las oraciones declarativas e interrogativas con inicio y final agudos

			Oraciones a-a							
			% Tono inicial		Acento inicial		Verbo		Acento nuclear		Tono final %
Inf.	Loc.	Mod.	Inv.	Var.	Inv.	Var.	Inv.	Var.	Inv.	Var.	Inv.	Var.
M	Car.	D	%L	%L	L*+H	L*+H	H*	H*	L*	L*	L%	ML%
		I	%L	%L	L+H*	L+>H*	H*	H*	L+H*	L+H*	L%	H$_L$%
	Ara.	D	%M	%MH	L*+H	L*+H	L*	L*	L*	L*	L%	L%
		I	%M	%M	L*+H	L*+H	H*	H*	L+H*	L+H*	L%	H$_L$%
	Bol.	D	%M	%M	L*+H	L*+H	H*	H*	L*	L*	L%	L%
		I	%M	%MH	L*+H	L*+H	H*	H*	L+H*	L+H*	L%	H$_L$%
	Zul.	D	%M	%M	L*+H	L*+H	H*	H*	L*	L*	L%	L%
		I	%M	%MH	L+H*	L+H*	L*	L*	L*	H+L*	L%	L%

(Continuado)

---

[15] El SN + SV las curvas representan la media de *El copetón cantaba* en las oraciones *El copetón cantaba* con emoción, *El copetón cantaba* con paciencia y *El copetón cantaba* con técnica; en el objeto se representa la media de *con emoción* en las oraciones El copetón cantaba *con emoción*, El perico cantaba *con emoción* y La tórtola cantaba *con emoción*.

Tabla 2 : (Continuado)

			\% Tono inicial		Acento inicial		Verbo		Acento nuclear		Tono final %	
Inf.	Loc.	Mod.	Inv.	Var.	Inv.	Var.	Inv.	Var.	Inv.	Var.	Inv.	Var.
H	Bar.	D	%L	%L	L+H*	L+>H*	H*	H*	L*	L*	L%	L%
		I	%L	%L	L+H*	L+>H*	H*	H*	L*	L*	L%	L%
	Mér.	D	%L	%L	L+H*	L+>H*	H*	H*	L+¡H*	L+¡H*	L%	L%
		I	%L	%L	L+H*	L+>H*	H*	H*	L+H*	L+H*	L%	H$_L$%
	Bol.	D	%M	%MH	L+H*	L+H*	H*	H*	L*	L*	L%	L%
		I	%L	%L	L*+H	L*+H	H*	H*	L+H*	L+H*	L%	H$_L$%
	Mér.	D	%M	%MH	L+H*	L+H*	L*	L*+H	L*	L*	L%	L%
		I	%L	%L	L+H*	L+>H*	H*	H*	L+H*	L+H*	L%	H$_L$%

Cuando las oraciones se inician por palabra aguda, la frecuencia del inicio de la declarativa sitúa el tono de frontera en torno al TM /%M/ (variantes [%M] y [%MH]) en las mujeres de Aragua, Bolívar y Zulia y en los hombres de Bolívar y Mérida; en cambio, se coloca significativamente por debajo /%L/ en las mujeres de Caracas, Barinas y Mérida[16]. Las interrogativas, sin embargo, sitúan los inicios en la media[17] /%M/ (variantes [%M] y [%MH]) en las mujeres de Bolívar, Aragua y Zulia, pero por debajo de esta[18] /%L/ en los hombres de Mérida y Bolívar y en las mujeres de Caracas, Mérida y Barinas[19].

A partir del inicio, en las declarativas la F0 asciende en los hombres[20] hasta un pico tonal que se alinea con la acentuada [L+H*]; en las mujeres, en cambio, lo más frecuente es un tono bajo durante la tónica seguido de un tono alto [L*+H][21], ya que el ascenso con tónica alta y desplazamiento del

---

[16] Respecto del TM el inicio en las mujeres se sitúa 0,2 St por encima en Aragua, Bolívar y Zulia y 2,2 St, también por encima, en Caracas, Barinas y Mérida; en los hombres se coloca 0,3 St por debajo.
[17] La distancia es solo de 0,4 St.
[18] Los inicios se sitúan por debajo de la media unos 2,1 St.
[19] Los inicios se sitúan por debajo de la media unos 3,2 St.
[20] Un promedio de 3,2 St.
[21] Las distancias medias son las siguientes: 0,9 St inicio-tónica y 1,6 St tónica-pico.

pico a la postónica se reduce a las mujeres de Barinas y Mérida [L+>H*]²².
En las interrogativas, el ascenso inicial culmina en un pico²³ que se alinea
con la tónica [L+H*] en la mujer de Zulia y que se desplaza [L+>H*] en las
mujeres de Caracas, Barinas y Mérida y en el hombre de esta última zona.
Frente a estos casos en que la tónica queda alta²⁴ con pico pospuesto, en los
informantes de Bolívar y en la mujer de Aragua la tónica permanece baja²⁵
aunque se da una subida tonal posterior, por lo que se realiza [L*+H].

En el segundo acento prenuclear, en declarativas alterna en los hombres el
tono alto /H*/ con el bajo /L*/²⁶; en las mujeres, en cambio, lo más frecuente
es el tono alto, salvo en Aragua, en que se da un descenso que deja a la
tónica baja²⁷. En interrogativas, la altura de la F0, al llegar al segundo acento
prenuclear, es muy elevada si consideramos que el pico del primero culmina
durante el SV (inicio o final) por lo que, salvo puntualmente en la mujer de
Zulia, se registra un tono alto [H*].

En relación con la trayectoria final de las curvas, si bien en los dos sexos
lo más frecuente es que en las declarativas el final se coloque significativamente por debajo del tono medio²⁸, por lo que el tono de frontera es /L%/
(variante [L%] o, esporádicamente, [ML%]), en relación con el acento nuclear
encontramos puntualmente una diferencia relativamente importante en
Mérida: en el 83,3 % de los datos de las mujeres encontramos un tono bajo
[L*] —concretamente en Caracas, Aragua, Bolívar, Zulia y Barinas— debido
al descenso más o menos progresivo hasta el final²⁹; pero, excepcionalmente,
en la mujer de Mérida (16,7 %) se da un ascenso significativo de la F0 desde un
valle precedente hasta la tónica nuclear³⁰ donde se produce un pico tonal con
escalonamiento descendente [L+!H*] por lo que la entonación en este caso es

---

[22] 3,7 St inicio-tónica y 2,5 St tónica-pico.
[23] El ascenso promedio es de 4,5 St en mujeres y 5,5 St en hombres.
[24] La distancia respecto del valle anterior es de 3,8 St en mujeres y 1,5 St en hombres.
[25] La distancia inicio-tónica es solo de 0,7 St en mujeres y 0,8 St en hombres.
[26] En el alto registrado en Bolívar, la bajada desde el pico inicial a la tónica es de 1,1 St; en cambio, en el tono bajo registrado en Mérida, es de 2,2 St.
[27] En el tono alto, el descenso desde el pico inicial a la tónica es solo de 0,2 St; en el bajo, en cambio es, como en los hombres, de 2,2 St.
[28] 3,4 y 2,7 St en mujeres y hombres, respectivamente.
[29] La tónica nuclear queda 3,1 St por debajo del TM y el descenso total tiene una media de 5,5 St.
[30] El ascenso es de 1,5 St. No obstante, la tónica queda 1,8 St por debajo del TM.

circunfleja. Por tanto, en la informante de Mérida la invariante nuclear es / L+¡H*/. En lo que respecta a los hombres, si bien se da un pequeño movimiento ascendente-descendente vinculado al núcleo entonativo, como en la mujer de Mérida, el ascenso no es relevante desde el punto de vista perceptivo[31], por lo que consideramos un tono [L*].

En las interrogativas, la trayectoria final de la F0 es descendente en todos los informantes, pero con diferencias al llegar al acento nuclear y al tono de frontera final que generan dos patrones finales, esto es, el alto-descendente o circunflejo y el descendente:

1.º) Salvo en las mujeres de Barinas y Zulia, todos los informantes realizan en el núcleo entonativo un movimiento ascendente-descendente (o circunflejo): el ascenso se inicia en la pretónica del núcleo —tras el descenso del PMx_1 (primer pico máximo)— y culmina en la tónica [L+H*][32] para luego descender ligeramente, lo que provoca que el final quede sobre la media del informante[33] [H_L%] debido al truncamiento tonal. En estos casos, consideramos que subyace el tono de frontera /L%/ como queda reflejado en la tabla 2.

2.º) Las mujeres de Barinas y Zulia realizan un patrón descendente, como en la otra modalidad, debido a que el descenso desde el PMx_1 llega hasta el final absoluto[34] con lo cual la tónica nuclear queda baja [H+L* o L*][35] lo mismo que el final absoluto [L%] que se sitúa por debajo del TM[36].

3.2. Acento llano

A continuación, puede verse la media de la oraciones declarativas e interrogativas con inicios y finales llanos (figuras 5–6 y tabla 3) en las mujeres y hombres.

---

[31] Solo asciende 1 St. La tónica queda 1,5 St por debajo del TM.
[32] El ascenso hasta la tónica es de 2,3 St en mujeres y 6,6 St en hombres. La tónica queda 1,9 St y 3,6 St por encima del TM en los mismos informantes.
[33] 1,5 St en mujeres y 2,4 St en los hombres.
[34] El descenso es de 8,6 St.
[35] 4,8 St por debajo del TM.
[36] 5,5 St por debajo del TM.

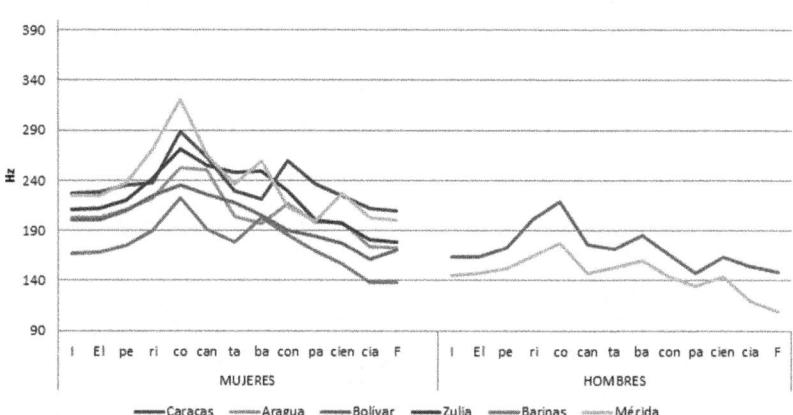

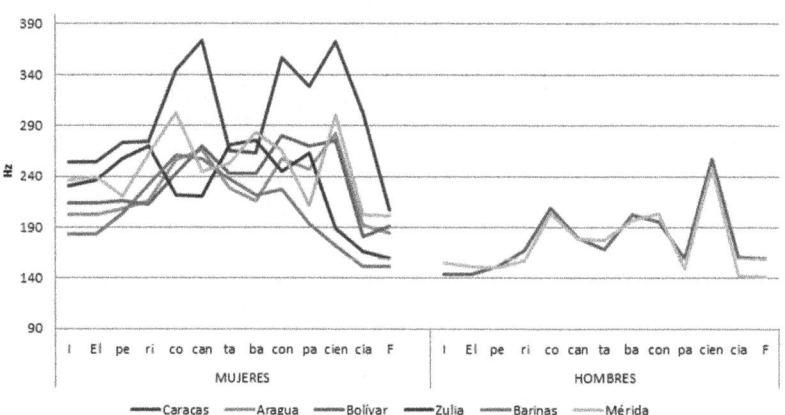

Figuras 5-6: Media de las oraciones declarativas interrogativas con SN llano + V llano + O llano[37].

---

[37] En el SN + SV las curvas representan la media de *El perico cantaba* en las oraciones *El perico cantaba* con emoción, *El perico cantaba* con paciencia y *El perico cantaba* con técnica; en el objeto se representa la media de *con paciencia* en El copetón cantaba *con paciencia*, El perico cantaba *con paciencia* y La tórtola cantaba *con paciencia*.

Tabla 3: Acentos tonales y variantes en las oraciones declarativas e interrogativas con inicio y final llanos

			Oraciones ll-ll								
			% Tono inicial		Acento inicial		Verbo		Acento nuclear		Tono final %
Inf.	Loc.	Mod.	Inv.	Var.	Inv.	Var.	Inv.	Var.	Inv.	Var.	Inv.	Var.
M	Car.	D	%M	%MH	L*+H	L*+H	L*	L*	L*	!H+L*	L%	L%
		I	%L	%L	L*+H	L*+H	L*	L*	L+H*	L+H*	L%	L%
	Ara.	D	%M	%M	L+H*	L+>H*	L*	L*	L*	!H+L*	L%	L%
		I	%L	%L	L*+H	L*+H	L*	L*	H*	L+H*	L%	L%
	Bol.	D	%M	%M	L+H*	L+>H*	L*	L*	L*	L*	L%	L%
		I	%L	%L	L*+H	L*+H	L*	L*	H*	L+H*	L%	L%
	Zul.	D	%M	%MH	L+H*	L+>H*	L*	L*+!H	L*	L*	L%	L%
		I	%M	%MH	L+H*	L+H*	L+H*	L+>H*	L*	L*	L%	L%
	Bar.	D	%M	%MH	L+H*	L+>H*	L*+H	L*+!H	L*	L*	L%	L%
		I	%L	%L	L+H*	L+>H*	L*	L*	L*	L*	L%	L%
	Mér.	D	%M	%M	L+H*	L+>H*	L*+H	L*+!H	L+!H*	L+!H*	L%	L%
		I	%M	%ML	L+H*	L+>H*	L*+H	L*+H	L+H*	L+H*	L%	L%
H	Bol.	D	%M	%MH	L+H*	L+>H*	L*	L*+!H	L+!H*	L+!H*	L%	L%
		I	%L	%L	L+H*	L+>H*	L*+H	L*+H	L+H*	L+¡H*	L%	L%
	Mér.	D	%M	%MH	L+H*	L+>H*	L*+H	L*+!H	L*	L*	L%	L%
		I	%L	%L	L*+H	L*+H	L*+H	L*+H	L+H*	L+¡H*	L%	L%

En las oraciones con acento llano en los sintagmas de frontera, los dos sexos inician las curvas declarativas en la media /%M/ (variantes [%M] y [%MH])[38]. Las interrogativas se inician, sin embargo, por debajo del TM [%L] en los hombres; en las mujeres ocurre lo mismo, salvo en las de Mérida y Zulia, que comienzan, como en la otra modalidad, en la media del informante /%M/ (variantes [%MH] y [%ML])[39].

---

[38] Solo 0,8 y 0,6 St por debajo del TM en mujeres y hombres, respectivamente.
[39] Los inicios en mujeres y hombres, por este orden, se colocan 2,5 y 3,3 St por debajo del TM excepto, como se ha dicho, en las mujeres de Mérida y Zulia, donde la distancia es de 0,8 St.

En relación con el primer acento, en las declarativas las mujeres — excepto la de Caracas— y los hombres realizan la tónica alta y desplazan el pico en todos los casos coincidiendo este con la postónica [L+>H*][40]; la mujer de Caracas constituye la excepción, puesto que es la única que realiza la tónica baja con pico posterior [L*+H][41]. En las interrogativas, se dan las mismas realizaciones y acentos tonales de los agudos, aunque no siempre en los mismos informantes: la trayectoria del fundamental se caracteriza por describir un ascenso que deja a la tónica en una frecuencia alta con independencia de que se sincronice con el pico [L+H*] —mujer de Zulia— o de que este se posponga [L+>H*] —mujeres de Mérida y Barinas y hombre de Bolívar[42]—. Las mujeres de Caracas, Aragua y Bolívar y el hombre de Mérida, en cambio, realizan la tónica baja seguida de una subida tonal [L*+H][43].

En el segundo acento prenuclear, la F0 sufre un descenso en declarativas que supera el umbral diferencial[44] quedando la tónica del verbo baja [L*] en las mujeres de Caracas, Aragua, Bolívar y Zulia y en el hombre de Bolívar: en algunos informantes —como la mujer de Zulia y el hombre de Bolívar— la tónica es baja pero se da una subida posterior irrelevante desde el punto de vista perceptivo ([L*+!H]:/L*/); en cambio, en la mujer de Barinas y en el hombre y la mujer de Mérida la F0 vuelve a remontar hasta un pico posterior que supera el umbral perceptivo ([L*+H]:/L*+H/). En la otra modalidad, lo más frecuente en las mujeres es que se dé un descenso significativo de la F0, por lo que la tónica queda baja sin ascenso tonal posterior [L*] —Caracas, Aragua, Bolívar y Barinas—[45]; solo en las

---

[40] La tónica queda a 2,3 y 3,1 St respecto del inicio. La subida total hasta el pico en la postónica es de 4,4 y 3,4 St en mujeres y hombres.
[41] La distancia inicio-pico es de 0,8 St y la de tónica-pico 3,4 St.
[42] La subida hasta la tónica es de 2,8 St en las mujeres de Mérida y Barinas y de 2,6 St en el hombre de Bolívar; la distancia tónica-pico es de 2,3 y 3,9 St en los mismos informantes. En la mujer de Zulia la subida hasta la tónica donde se da el pico es de 2,7 St.
[43] La distancia inicio-tónica es de 0,8 y 0,2 St en mujeres y hombre, respectivamente y la de tónica-pico es de 4,5 y 4,4 St en los mismos informantes.
[44] 3,7 y 3,4 St en mujeres y hombres, respectivamente.
[45] El descenso es de 3,1 St.

curvas de Mérida y Zulia se da un ascenso, pero en la primera la tónica sigue quedando baja ([L*+H]:/L*+H/), mientras que en la de Zulia queda alta [L+>H*][46]. Los hombres, como la mujer de Mérida, mantienen la tónica baja debido al descenso significativo desde el pico anterior; luego se da un ascenso relevante ([L*+H]:/L*+H/)[47].

En cuanto al núcleo entonativo, las declarativas muestran ciertas diferencias entre los informantes como vimos en los acentos agudos: en la voz femenina de las zonas venezolanas de Caracas, Aragua, Bolívar, Zulia y Barinas el acento nuclear y el tono de frontera final son bajos /L* L%/ debido al descenso hasta el final absoluto que determina que este concluya por debajo del TM[48]; destacamos, no obstante, que fonéticamente Bolívar, Zulia y Barinas utilizan para el acento nuclear /L*/ la variante [L*], mientras que en Caracas y Aragua se emplea [!H+L*]. Por otra parte, en la mujer y en el hombre de Mérida, así como en el hombre de Bolívar, la F0 describe en el núcleo entonativo un pequeño ascenso-descenso que relacionamos con el patrón circunflejo[49]; ahora bien, en la mujer de Mérida y en el hombre de Bolívar el movimiento de ascenso anterior a la tónica nuclear supera el umbral perceptivo[50] por lo que etiquetamos /L+!H* L%/; en el hombre de Mérida, en cambio, la subida final es insignificante[51] por lo que el acento nuclear[52] y el tono de frontera es /L* L%/.

Por último, en el acento nuclear y en el tono de frontera final de las interrogativas aparecen de nuevo dos patrones:

---

[46] La distancia inicio-tónica en la mujer de Mérida es de 0,6 St, mientras que en la de Zulia se da un ascenso de 3,2 St; en esta última la distancia valle-tónica es de 3,6 St.
[47] El descenso es de 3 St y el ascenso de 2,5 St.
[48] La tónica nuclear queda 1,4 St por debajo del TM. El descenso hasta el final en estos casos es de 3,7 St y el final absoluto queda 2,8 St por debajo del TM.
[49] En estos casos, el final culmina con un valor negativo respecto del TM (3 y 3,6 St en la mujer y en los hombres, respectivamente).
[50] 2,3 y 1,8 St, respectivamente.
[51] Solo 1,1 St.
[52] La tónica queda 0,9 y 0,6 St por debajo del TM en la mujer y en los hombres.

DESCRIPCIÓN DE LOS TONOS DE FRONTERA Y ACENTOS TONALES

1.º) El circunflejo, en el que se da un ascenso desde la pretónica hasta la tónica nuclear[53]. En los hombres dicho movimiento supera el umbral diferencial[54] dándose así un escalonamiento ascendente, pues el pico resultante supera ampliamente la frecuencia de los anteriores[55] [L+¡H*]; posteriormente ocurre el descenso tonal hasta el final absoluto[56] quedando este por debajo del TM[57] por lo que el acento de frontera es [L%]. En las mujeres hay mayor diversidad: las de Caracas y Mérida coinciden con los hombres, aunque en ellas no hay escalonamiento ascendente [L+H* L%] (variante de /L+H*/)[58]: la de Aragua y Bolívar se diferencia en que la F0 se encuentra en una altura muy elevada antes del último pico, por lo que el ascenso hasta este es insignificante[59] produciéndose así [L+H* L%], variante de /H*/. En todos los casos, el final de las mujeres queda por debajo de la media del informante con una distancia prácticamente igual a la de los hombres[60].

2.º) El patrón descendente, registrado en Barinas y Zulia, se caracteriza por una tónica baja [L*], con descenso hasta el final absoluto, que se sitúa por debajo del TM [L%][61].

3.3. Acento esdrújulo

Véase, en último lugar, la media de la oraciones declarativas e interrogativas con inicios y finales esdrújulos (figuras 7–8 y tabla 4) en las mujeres y hombres.

---

[53] La tónica queda 3,1 St y 5,8 St por encima del TM en las mujeres y en los hombres, respectivamente.
[54] El ascenso es de 8,5 St.
[55] La diferencia es de 3,6 St.
[56] El descenso es de 4,9 St.
[57] 3,3 St por debajo del TM.
[58] El ascenso hasta el pico es de 3,4 St.
[59] Solo 0,4 St.
[60] 4,7 St por debajo del TM.
[61] La tónica queda 3,7 St por debajo del TM; el descenso total hasta el final es de 8,4 St y la distancia final-TM es de 6,3 St.

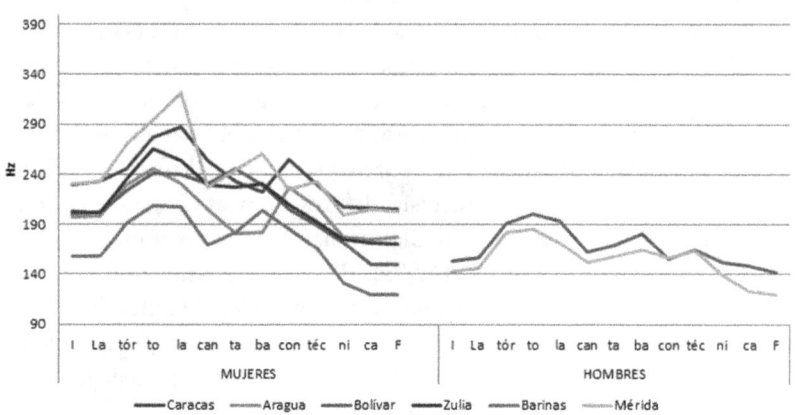

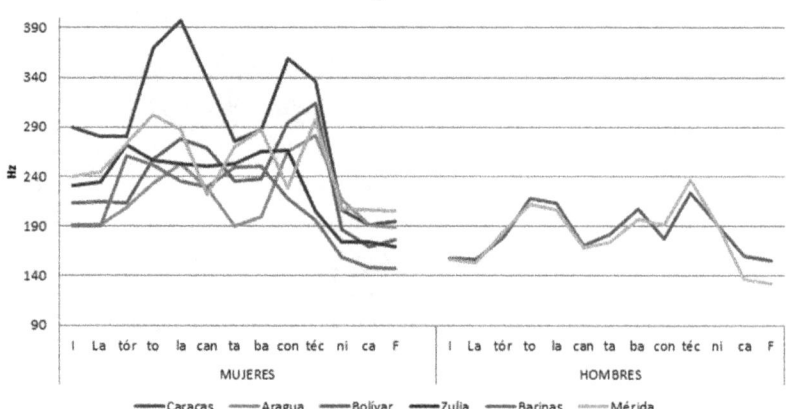

Figuras 7-8: Media de las oraciones declarativas e interrogativas con SN llano + V llano + O llano[62].

---

[62] En el SN + SV las curvas representan la media de *La tórtola cantaba* en las oraciones *La tórtola cantaba* con emoción, *La tórtola cantaba* con paciencia y *La tórtola cantaba* con técnica; en el objeto se representa la media de *con técnica* en El copetón cantaba *con técnica*, El perico *cantaba con pánico* y La tórtola *cantaba con técnica*.

DESCRIPCIÓN DE LOS TONOS DE FRONTERA Y ACENTOS TONALES

Tabla 4: Acentos tonales y variantes en las oraciones declarativas e interrogativas con inicio y final esdrújulos

			\% Tono inicial		Acento inicial		Verbo		Acento nuclear		Tono final %	
Inf.	Loc.	Mod.	Inv.	Var.	Inv.	Var.	Inv.	Var.	Inv.	Var.	Inv.	Var.
M	Car.	D	%M	%MH	L*+H	L*+H	L*	L*	L*	!H+L*	L%	L%
		I	%M	%ML	L*+H	L*+H	L*	L*	L+H*	L+!H*	L%	L%
	Ara.	D	%M	%MH	L+H*	L+>H*	L*	L*	L*	H+L*	L%	L%
		I	%L	%L	L+H*	L+>H*	L*	L*	L+H*	L+¡H*	L%	L%
	Bol.	D	%M	%MH	L+H*	L+>H*	H*	L+H*	L*	L*	L%	L%
		I	%L	%L	L*+H	L*+H	L*	L*	L+H*	L+¡H*	L%	L%
	Zul.	D	%M	%M	L+H*	L+>H*	L*	L*+!H	L*	L*	L%	L%
		I	%M	%MH	L+H*	L+H*	L*	L*+H	L*	L*	L%	L%
	Bar.	D	%M	%MH	L+H*	L+>H*	L*+H	L*+H	L*	L*	L%	L%
		I	%L	%L	L+H*	L+H*	L*	L*+H	L*	L*	L%	L%
	Mér.	D	%M	%MH	L+H*	L+>H*	L*+H	L*+!H	L*	L*	L%	L%
		I	%M	%MH	L+H*	L+>H*	L+H*	L+>H*	L+H*	L+H*	L%	L+>H*
H	Bol.	D	%M	%MH	L+H*	L+>H*	L*+H	L*+!H	L*	L*	L%	L%
		I	%L	%L	L+H*	L+>H*	L*+H	L*+H	L+H*	L+H*	L%	L%
	Mér.	D	%M	%MH	L+H*	L+>H*	L*	L*+!H	L*	L*	L%	L%
		I	%L	%L	L+H*	L+>H*	L*+H	L*+H	L+H*	L+¡H*	L%	L%

Cuando las oraciones tienen acento esdrújulo en los sintagmas de frontera, las declarativas se inician, como en el acento anterior, en torno al tono medio del informante /%M/ (variantes [%M] y [%MH])[63]. Las interrogativas presentan, en general, pocas diferencias respecto del acento anterior: los hombres vuelven a colocar sus inicios por debajo de la media del informante /%L/, pero en las mujeres solo lo hacen las de Aragua, Bolívar y Barinas, ya que las de Caracas, Zulia y Mérida lo sitúan en la media /%M/ (variantes [%MH] y [%ML])[64].

Después del inicio, la F0 de declarativas asciende en todos los informantes venezolanos, con la única excepción de la mujer de Caracas, hasta un pico que

---

[63] El inicio se coloca 0,6 y 1,2 St por debajo del TM en mujeres y hombres.
[64] La distancia inicio-TM en el tono bajo es de 2,4 y 2,3 St en hombres y mujeres, respectivamente y en el tono medio de 0,1 St.

culmina después del acento [L+>H*], alineándose con la penúltima o última del sintagma nominal[65]. El ascenso entre el inicio y la vocal tónica es relevante desde el punto de vista perceptivo[66], salvo en la informante caraqueña, en la que la tónica queda baja [L*+H][67]. En las interrogativas, lo más frecuente en mujeres y hombres es un acento bitonal /L+H*/ que se realiza [L+H*] en donde la tónica se sincroniza con el pico tonal —mujeres de Barinas y Zulia—[68], o [L+>H*] con tónica alta, pero pico pospuesto —mujeres de Aragua y Mérida y hombres—[69]. Se da, además, un acento con tónica baja seguida de un tono alto en la voz femenina de Caracas y Bolívar [L*+H] teniendo en cuenta que es a partir de la tónica cuando la F0 comienza a ascender[70].

A partir del primer pico, se da un descenso en declarativas que motiva que la tónica del SV quede baja en los dos sexos[71], excepto en la mujer de Bolívar que, tras el descenso, registra un ascenso significativo hasta la tónica[72] quedando esta alta [L+H*]. No obstante, hay que reseñar que en las mujeres de Caracas, Aragua, Zulia y en el hombre de Mérida la tónica queda baja sin ascenso posterior [L*] o con un ascenso irrelevante [L*+!H] (/L*/)[73]; en cambio, en algunos informantes el ascenso tonal hasta un segundo pico supera el umbral diferencial (/L*+H/)[74]: en la mujer de Barinas [L*+H] y en la de Mérida y en el hombre de Bolívar [L*+!H]. En las interrogativas, el segundo acento se realiza bajo en todos los informantes[75] pero, si bien en las mujeres se registra [L*], teniendo en cuenta que de existir ascenso posterior ([L*+H]:/L*/), este es irrelevante (mujeres de Zulia y Barinas), en los hombres la tónica sí va seguida de un ascenso tonal posterior que supera el umbral ([L*+H]:/L*+H/. La única

---

[65] Los ascensos en las mujeres desde el inicio hasta el pico se sitúan entre 2,9 y 6,7 St; en los hombres, entre 4 y 4,4 St.
[66] 2,6 St en las mujeres y 4 St en los hombres.
[67] La distancia entre el inicio y la tónica es solo de 1,2 St.
[68] El ascenso hasta el pico en la tónica es de 4,1 St.
[69] La distancia inicio-pico en los hombres es de 2,4 St y en las mujeres de 3,9 St; y entre tónica-pico es de 2,9 y 2 St en hombres y mujeres.
[70] La distancia tónica-pico es de 5,4 St.
[71] 4 y 2,8 St en mujeres y hombres.
[72] El ascenso en la mujer de Bolívar es de 2 St.
[73] La subida de que hablamos es solo de 0,3 St en la mujer y 1,4 St en el hombre.
[74] 2,8 St en las mujeres y 1,9 St en el hombre.
[75] El descenso desde el pico anterior es de 4,8 St en mujeres y 3,3 St en hombres.

excepción al tono bajo de la tónica la registramos en la mujer de Mérida, donde la acentuada queda alta con pico desplazado [L+>H*].

El núcleo entonativo de las declarativas, como en los acentos anteriores, deja ver diferencias entre los informantes venezolanos que en este caso quedan relegadas al ámbito fonético. Así, en la voz femenina de Caracas, Aragua, Bolívar, Zulia y Barinas el acento nuclear y el tono de frontera final generan un descenso hasta el final absoluto[76] que determina que el acento nuclear sea /L*/ con diferentes realizaciones: [L*] en Bolívar, Zulia y Barinas, [H+L*] en Aragua y [¡H+L*] en Caracas[77]; el acento de frontera es, asimismo, bajo [L%] pues el final absoluto concluye por debajo de la media del informante[78]. En la mujer de Mérida y en los hombres de Mérida y de Bolívar volvemos a encontrar un pequeño pico insignificante en la acentuada[79] antes del posterior descenso que deja el final por debajo de la media del informante[80]. Teniendo en cuenta el escaso relieve del pico nuclear en los tres informantes, el patrón que corresponde es, como en el resto de los informantes, /L* L%/.

En las interrogativas, encontramos los mismos patrones que ya hemos comentado en los acentos anteriores:

1.º) El circunflejo es el más general en hombres y mujeres: el movimiento ascendente desde el valle al pico situado en la antepenúltima vocal[81] es relevante en todos los casos[82] y puede presentarse en un nivel superior al primer pico [L+¡H*] —mujeres de Aragua, Bolívar y hombre de Mérida— o inferior [L+!H*] —mujer de Caracas—[83], además de no darse el escalonamiento [L+H*] —mujer de Mérida y hombre de Bolívar—. En todo caso, las curvas

---

[76] El descenso hasta el final es de 4,8 St.
[77] La tónica queda en estos casos 0,7 St por debajo del TM.
[78] 3,9 St por debajo del TM.
[79] 0,6 y 0,9 St en la mujer y en los hombres. En el mismo orden, la tónica queda 0,6 y 0,5 St por debajo del TM.
[80] 3 St en mujeres y 3,5 St en hombres.
[81] El ascenso hasta el pico es de 3,6 St y 4,1 St en las mujeres y en los hombres, respectivamente.
[82] 4,1 St en mujeres y 3,8 St en hombres.
[83] Cuando se da escalonamiento ascendente, la distancia entre el pico nuclear y el anterior es de 2 y 1,9 St en mujeres y hombre, respectivamente. En el escalonamiento descendente la distancia es de 1,7 St.

concluyen siempre por debajo del TM [L%][84] por lo que este patrón queda caracterizado desde el punto de vista fonológico como /L+H* L%/.

2.º) Las mujeres de Zulia y Barinas, como en los acentos anteriores, se caracterizan, frente al resto, en que la frecuencia fundamental durante el núcleo es descendente [L*] por lo que el final se sitúa por debajo de la media [L%][85]. Este patrón, pues, se caracteriza en su final por /L* L%/.

3.4. Porcentajes de realización de las invariantes y variantes

Como se puede ver en la tabla 5, en relación con las declarativas, en el prenúcleo el inicio se sitúa siempre en el tono medio en los hombres /%M/ con una única realización [%MH]; este mismo tono de frontera es el empleado mayoritariamente por las mujeres con las variantes [%MH] y [%M] en los porcentajes de la tabla, pues solo en los agudos alterna el tono medio con el bajo /%L/. El acento inicial es claramente /L+H*/ en el sexo masculino con pico desplazado [L+>H*], excepto en los agudos, donde el pico se alinea con la tónica [L+H*]; en las mujeres, en cambio, se utiliza el acento bitonal con tónica alta /L+H*/ y el bitonal con tónica baja /L*+H/ con la particularidad de que ambos se dan en los tres acentos; no obstante, como evidencian los porcentajes de la tabla, el esquema /L*+H/ es el más utilizado en los agudos y /L+H*/ en llanos y esdrújulos. En lo que respecta al verbo, hay que destacar su mayor variabilidad, pero, atendiendo a las variantes con mayor porcentaje, las invariantes más frecuentes en las mujeres son /H*/ en los agudos y /L*/ en llanos y esdrújulos; en los hombres, en cambio, alterna /L*/ en los tres acentos con /H*/ en los agudos y /L*+H/ en llanos y esdrújulos.

En relación con el núcleo final, en las mujeres encontramos /L*/ realizado mayoritariamente como [L*]; la excepción se da en Mérida, donde la mujer produce /L+¡H*/ en agudos y llanos y /L*/ en esdrújulos debido a que en este último el pico nuclear tiene escaso valor perceptivo. En todos los casos, el tono de frontera es /L%/ aunque puntualmente se registró en los agudos, además de ese tono, el medio /M%/. En los hombres hemos visto que se da siempre un pequeño pico en el último acento, pero, dada su poca relevancia, el patrón

---

[84] La distancia final-TM es de 4,7 St en mujeres y 3,8 St en hombres.
[85] El descenso hasta el final es de 8,4 St, la tónica y el final absoluto quedan 1,9 y 5,9 St, respectivamente, por debajo del TM.

es /L* L%/ menos en los llanos del hombre de Bolívar donde puntualmente se utiliza /L+!H* L%/ como la mujer de Mérida.

Tabla 5: Tonos de frontera, acentos tonales invariantes y variantes en las declarativas de mujeres y hombres de Venezuela

				Tonos de frontera, acentos tonales y variantes en las declarativas							
		% Tono inicial		Acento inicial		Verbo		Acento nuclear		Tono final %	
Inf.	Acento	Inv.	Var.	Inv.	Var.	Inv.	Var.	Inv.	Var.	Inv.	Var.
M	A-A	%M	%M 33,3 % %MH 16,7 %	L*+H	L*+H 66,7 %	H*	H* 83,4 %	L*	L* 83,3 %	L%	L% 83,3 %
		%L	%L 50 %	L+H*	L+>H* 33,3 %	L*	L* 16,7 %	L+!H*	L+!H* 16,7 %	M%	ML% 16,7 %
	LL-LL	%M	%M 50 % %MH 50 %	L+H*	L+>H* 83,3 %	L*	L* 50 % L*+!H 16,7 %	L*	L* 50 % !H+L* 33,3 %	L%	L% 100 %
				L*+H	L*+H 16,7 %	L*+H	L*+!H 33,3 %	L+!H*	L+!H* 16,7 %		
	E-E	%M	%M 16,7 % %MH 83,3 %	L+H*	L+>H* 83,3 %	L*	L* 33,3 % L*+!H 16,7 %	L*	L* 66,7 % H+L* 16,7 % !H+L* 16,7 %	L%	L% 100 %
				L*+H	L*+H 16,7 %	L*+H	L*+H 16,7 % L*+!H 16,7 %				
						H*	L+H* 16,7 %				
H	A-A	%M	%MH 100 %	L+H*	L+H* 100 %	L*	L*+H 50 %	L*	L* 100 %	L%	L% 100 %
						H*	H* 50 %				
	LL LL	%M	%MH 100 %	L+H*	L+>H* 100 %	L*	L*+!H 50 %	L*	L* 50 %	L%	L% 100 %
						L*+H	L*+!H 50 %	L+!H*	L+!H* 50 %		
	E-E	%M	%MH 100 %	L+H*	L+>H* 100 %	L*	L* +!H 50 %	L*	L* 100 %	L%	L% 100 %
						L*+H	L*+!H 50%				

En relación con las interrogativas, los acentos tonales, los etiquetajes y porcentajes de la tabla 6 permiten destacar lo siguiente:

1.°) Los hombres siempre inician sus curvas por debajo del tono medio /%L/ y emplean en agudos y llanos un primer acento bitonal con tónica baja /L*+H/ junto al bitonal con tónica alta /L+H*/; en esdrújulos solo registran este último. Hay que destacar, además, que cuando usan el primero la realización es siempre [L+>H*]. En las mujeres el inicio se sitúa en la media /%M/ o por debajo /%L/, pero destacamos que si se trata de llano sobresalen las variantes de /%L/. En el primer acento emplean los mismos esquemas tonales que los hombres, aunque en agudos y esdrújulos destaca /L+H*/ y en llanos este coexiste con /L*+H/. Cuando se emplea el primero alternan las variantes sin pico desplazado [L+H*] y con pico desplazado [L+>H*] predominando esta última en agudos y llanos.

2.º) En el verbo encontramos, como en la otra modalidad oracional, mayor variabilidad. No obstante, si consideramos los porcentajes de aparición de las variables podemos concluir que el acento invariante predominante es el alto /H*/ en los agudos de los dos sexos; en los llanos y esdrújulos es el bajo /L*/ en las mujeres y el bajo-alto en los hombres /L*+H/.

3.º) En el final de las curvas lo más frecuente es un movimiento alto-descendente o circunflejo en la mayor parte de los informantes. Por ello, el acento nuclear y el tono de frontera final más común es /L+H* L%/ y solo en los llanos de la mujer de Bolívar /H* L%/ debido a que en este último, si bien se da el movimiento ascendente, este no es relevante perceptivamente. Solo se apartan del patrón circunflejo las informantes de Barinas y Zulia, que sistemáticamente utilizan un contorno final descendente /L* L%/.

Tabla 6: Tonos de frontera, acentos tonales invariantes y variantes en las interrogativas de mujeres y hombres de Venezuela

		Tonos de frontera, acentos tonales y variantes en las interrogativas									
		% Tono inicial		Acento inicial		Verbo		Acento nuclear		Tono final %	
Inf.	Acento	Inv.	Var.	Inv.	Var.	Inv.	Var.	Inv.	Var.	Inv.	Var.
M	A-A	%M	%M 33,3 % %MH 16,7 %	L+H*	L+>H* 50 % L+H* 16,7 %	H*	H* 83,3 %	L+H*	L+H * 66,7 %	L%	H_i% 66,7 % L% 33,3 %
		%L	%L 50 %	L*+H	L*+H 33,3 %	L*	L* 16,7 %	L*	L* 16,7 % H+L* 16,7 %		
	LL-LL	%L	%L 66,7 %		L*+H L*+H 50 %	L* L+H*	L* 66,7 % L+>H* 16,7 %	L+H* L*	L+H * 50 % L* 33,3 %	L%	L% 100 %
		%M	%MH 16,7 % %ML 16,7 %	L*+H	L+>H* 33,3 % L+H* 16,7 %	L*+H	L*+H 16,7 %	H*	L+H* 16,7 %		
	E-E	%L	%L 50 %	L+H*	L+H* 33,3 % L+>H* 33,3 %	L*	L* 50 % L*+H 33,3 %	L+H*	L+H * 16,7 % L+¡H * 33,3 % L+¡H * 16,7 %	L% L%	L% 100 %
		%M	%MH 33,3 % %ML 16,7 %	L*+H	L*+H 33,3 %	L+H*	L+>H* 16,7 % L*	L*	L* 33,3 %		

			Tonos de frontera, acentos tonales y variantes en las interrogativas								
			% Tono inicial		Acento inicial		Verbo		Acento nuclear		Tono final %	
Inf.	Acento	Inv.		Var.	Inv.	Var.	Inv.	Var.	Inv.	Var.	Inv.	Var.
H	A-A		%L	%L 100 %	L+H*	L+>H* 50 % L*+H L*+H 50 %	H*	H* 100 %	L+H*	L+H* 100 %	L%	H$_L$% 100 %
	LL-LL		%L	%L 100 %	L+H*	L+>H* 50 % L*+H L*+H 50 %	L*+H	L*+H 100 %	L+H*	L+¡H* 100 %	L%	L% 100 %
	E-E		%L	%L 100 %	L+H*	L+>H* 100 %	L*+H	L*+H 100 %	L+H*	L+H* 50 % L+¡H* 50 %	L%	L% 100 %

4. Distinción fonológica: declarativas vs. interrogativas

El estudio detallado que precede nos ha permitido deslindar las variantes e invariantes empleadas en las diferentes zonas venezolanas. Son las últimas las que nos permiten establecer las similitudes y diferencias relevantes entre las dos modalidades, tal como se muestra en la tabla 7.

Tabla 7: Tonos de frontera y acentos tonales invariantes de mujeres y hombres en declarativas e interrogativas

			Distinción fonológica declarativas vs. interrogativas									
			% Tono inicial		Acento inicial		Verbo		Acento nuclear		Tono final %	
Inf.	Acento	Loc.	D	I	D	I	D	I	D	I	D	I
M	A-A	Car.	%L	%L	L*+H	L+H*	H*	H*	L*	L+H*	L%	L%
		Ara.	%M	%M	L*+H	L*+H	L*	H*	L*	L+H*	L%	L%
		Bol.	%M	%M	L*+H	L*+H	H*	H*	L*	L+H*	L%	L%
		Zul.	%M	%M	L*+H	L+H*	H*	L*	L*	L*	L%	L%
		Bar.	%L	%L	L+H*	L+H*	H*	H*	L*	L*	L%	L%
		Mér.	%L	%L	L+H*	L+H*	H*	H*	L+!H*	L+H*	L%	L%
	LL-LL	Car.	%M	%L	L*+H	L*+H	L*	L*	L*	L+H*	L%	L%
		Ara.	%M	%L	L*+H	L*+H	L*	L*	L*	L+H*	L%	L%
		Bol.	%M	%L	L+H*	L*+H	L*	L*	L*	H*	L%	L%
		Zul.	%M	%M	L+H*	L+H*	L*	L+H*	L*	L*	L%	L%

(Continuado)

Tabla 7: (Continuado)

			Distinción fonológica declarativas vs. interrogativas							
			% Tono inicial		Acento inicial		Verbo		Acento nuclear		Tono final %	
Inf.	Acento	Loc.	D	I	D	I	D	I	D	I	D	I
		Bar.	%M	%L	L+H*	L+H*	L*+H	L*	L*	L*	L%	L%
		Mér.	%M	%M	L+H*	L+H*	L*+H	L*+H	L+¡H*	L+H*	L%	L%
	E-E	Car.	%M	%M	L*+H	L*+H	L*	L*	L*	L+H*	L%	L%
		Ara.	%M	%L	L+H*	L+H*	L*	L*	L*	L+H*	L%	L%
		Bol.	%M	%L	L+H*	L*+H	H*	L*	L*	L+H*	L%	L%
		Zul.	%M	%M	L+H*	L+H*	L*	L*	L*	L*	L%	L%
		Bar.	%M	%L	L+H*	L+H*	L*+H	L*	L*	L*	L%	L%
		Mér.	%M	%M	L+H*	L+H*	L*+H	L+H*	L*	L+H*	L%	L%
H	A-A	Bol.	%M	%L	L+H*	L*+H	H*	H*	L*	L+H*	L%	L%
		Mér.	%M	%L	L+H*	L+H*	L*	H*	L*	L+H*	L%	L%
	LL-LL	Bol.	%M	%L	L+H*	L+H*	L*	L*+H	L+¡H*	L+H*	L%	L%
		Mér.	%M	%L	L+H*	L*+H	L*+H	L*+H	L*	L+H*	L%	L%
	E-E	Bol.	%M	%L	L+H*	L+H*	L*+H	L*+H	L*	L+H*	L%	L%
		Mér.	%M	%L	L+H*	L+H*	L*	L*+H	L*	L+H*	L%	L%

En relación con los tonos de frontera, como muestra la tabla precedente el tono final es en todos los casos /L%/ y, por tanto, por sí solo impide reconocer la modalidad oracional; en cambio, el tono inicial sí lo permite en los hombres, en tanto que es /%M/ en declarativas y /%L/ en interrogativas con independencia de la estructura acentual con que se inicie la oración. En las mujeres, sin embargo, esta distinción no es sistemática, pues podemos observar que, si bien predominan los mismos tonos que vemos en los hombres en las mismas modalidades, la distinción de estas según esos tonos solo sucede en algunas informantes si los acentos son llanos (Caracas, Aragua, Bolívar y Barinas) o esdrújulos (Aragua, Bolívar y Barinas).

El acento inicial tampoco permite la distinción sistemática entre las dos modalidades, pues en los hombres es siempre /L+H*/, excepto en los agudos de Bolívar y los llanos de Mérida, donde se establece la oposición /L+H*/ vs. /L*+H/ en declarativas e interrogativas, respectivamente. En las mujeres, asimismo, los dos acentos bitonales permiten discriminar la modalidad solo puntualmente: en los agudos de Caracas y Zulia la oposición se establece con /L*+H/ (declarativas) vs. /L+H*/ (interrogativas) mientras que en los llanos de Aragua y Bolívar y en los esdrújulos de esta última zona se establece con /L+H*/ vs. /L*+H/ en las mismas modalidades. La tabla 7 nos permite ver, además, las semejanzas y diferencias fonológicas entre los puntos de encuesta. Así, en las declarativas observamos que las mujeres de Caracas, Aragua, Bolívar y Zulia se distinguen de las de Barinas y Mérida por usar un acento bitonal con tónica baja /L*+H/ y tónica alta /L+H*/, respectivamente; ahora bien, esta distinción no se establece sino en los agudos de dichos puntos, pues en los llanos y esdrújulos solo Caracas sigue manteniendo el primer acento frente al resto y, por tanto, es la única zona donde se presenta sistemáticamente /L*+H/ en los tres tipos acentuales de esta modalidad. En las interrogativas, las mujeres de Zulia, Barinas y Mérida utilizan sistemáticamente /L+H*/ en el primer acento frente al resto, que emplea /L*+H/ con las únicas excepciones de las mujeres de Caracas —solo en agudos— y de Aragua —solo en esdrújulos— que utilizan también /L+H*/. En el caso de los hombres, se establece la distinción /L*+H/ vs. /L+H*/ entre Bolívar y Mérida, pero no es sistemática, pues solo se produce en los agudos del primero de estos puntos y en los llanos del segundo.

En lo que respecta al verbo, hemos observado su mayor variabilidad. En general, la oposición entre declarativas e interrogativas es muy esporádica puesto que, en general, en ambas predomina el acento monotonal y más esporádicamente el bitonal con tónica baja /L*/ o /L*+H/ (70,8 % y 62,5 % en ambas modalidades) frente al monotonal alto /H*/ (29,2 % en las dos modalidades) o el bitonal /L+H*/ (8,3 % en interrogativas). Así, por ejemplo, la mujer de Aragua y el hombre de Mérida contrastan declarativas e interrogativas solo en los agudos por la oposición L*/H*; la mujer de Zulia y de Bolívar las enfrentan solo en agudos y esdrújulos, respectivamente, mediante la oposición H*/L*.

Finalmente, en el acento nuclear hay diferencias entre los informantes:

1.º) En las mujeres de Caracas, Aragua y Bolívar las dos modalidades quedan diferenciadas por los patrones descendente /L* L%/ en declarativas y circunflejo /L+H* L%/ o esporádicamente /H* L%/[86] en interrogativas.

---

[86] La etiqueta /H* L%/ solo aparece en los llanos de la mujer de Bolívar.

2.º) En la mujer de Mérida y en los hombres de Mérida y Bolívar hemos registrado una entonación circunfleja en ambas modalidades pero, si bien en interrogativas el valor del acenso que precede al pico nuclear es siempre relevante desde el punto de vista perceptivo y, por tanto, el patrón es /L+H*/, en declarativas ello solo sucede puntualmente en los agudos y llanos de la mujer de Mérida y en los llanos del hombre de Bolívar por lo que en estos casos hemos etiquetado /L+!H/ y en el resto /L*/. Por tanto, como se dijo ya, en los casos puntuales en que las declarativas quedan etiquetadas con /L+!H/ el escalonamiento descendente es lo único que permite distinguir esta modalidad de las interrogativas circunflejas /L+H*/.

3.º) En las mujeres de Barinas y Zulia no es posible diferenciar la modalidad oracional debido a que presentan siempre una entonación descendente /L* L%/. No obstante, como se ha evidenciado en trabajos anteriores (Dorta y Díaz, 2018 a), la distancia tonal que mantienen las interrogativas respecto de las declarativas es un índice que permite diferenciarlas. Así, si comparamos el TM de las declarativas descendentes con el de las interrogativas descendentes (tabla 1) se puede ver que la distancia a favor de esta última modalidad es de 4,9 St. Esta mayor altura tonal se traduce en un mayor RTM (2,9 St de diferencia) y una pendiente inicio-final más acusada (2,8 St, 3,9 St y 1,2 St de diferencia en agudos, llanos y esdrújulos).

5. Conclusiones

En este capítulo hemos realizado un estudio fonético-fonológico de oraciones declarativas e interrogativas procedentes de un corpus formal emitido por mujeres y hombres sin estudios superiores procedentes de las regiones venezolanas Central (Caracas y Aragua), Los Llanos (Barinas), Zulia (Zulia), Los Andes (Mérida) y Sur-Oriental (Bolívar). Teniendo en cuenta los resultados obtenidos respecto de las dos modalidades oracionales, destacamos los siguientes aspectos más relevantes:

1.º) Solo en los hombres el tono de frontera inicial diferencia claramente la modalidad oracional con independencia del tipo de acento que inicie la frase: /%M/ para declarativas y /%L/ para interrogativas. En las mujeres

predominan estos mismos tonos, pero no se establecen diferencias sistemáticas.
2.º) La oposición /L%/ vs. /H%/ distingue en el tono de frontera final las declarativas y las interrogativas en variedades como el castellano: en cambio, en Venezuela no se da tal oposición, pues en las dos modalidades el tono es siempre /L%/.
3.º) El acento inicial no permite la diferenciación sistemática de las dos modalidades analizadas, ni en hombres ni en mujeres, aunque puntualmente hayamos podido establecerla.
4.º) El acento inicial ha permitido establecer ciertas diferencias también puntuales entre los distintos puntos de encuesta; no obstante, hemos comprobado que la mujer de Caracas en declarativas y las de Zulia, Barinas y Mérida en interrogativas mantienen el mismo acento tonal con independencia de que el acento léxico varíe.
5.º) En el verbo la oposición entre declarativas e interrogativas es muy esporádica.
6.º) En el acento nuclear, las declarativas se caracterizan por el patrón descendente general del español, aunque también hemos registrado una entonación circunfleja —en el hombre y la mujer de Mérida y el hombre de Bolívar— que raramente tiene relevancia perceptiva en algunos informantes, como en la mujer de Mérida y, en menor medida, en el hombre de Bolívar. En las interrogativas la entonación es descendente en Barinas y Zulia, como en la otra modalidad, y en el resto es ascendente-descendente o circunfleja.
7.º) Si bien en las cuatro zonas venezolanas analizadas que utilizan el patrón circunflejo en las interrogativas —Caracas, Aragua, Bolívar y Mérida— podemos establecer la diferencia entre esta modalidad y las declarativas, en aquellas en que se utiliza el mismo patrón descendente en las dos modalidades —Barinas y Zulia— la diferenciación de la modalidad no se puede establecer fonológicamente de manera sistemática como cabría esperar. Por ello, si un estudio futuro con un número mayor de informantes ratificara la existencia del patrón interrogativo descendente en esas zonas, habría que investigar otros índices tonales que permitan establecer dicha distinción.

La entonación a partir de un corpus *Map Task*

1. Introducción

En este capítulo[87] se realiza una descripción del corpus *Map Task* con el propósito de comparar los patrones entonativos con los obtenidos en habla formal (capítulo 3). De los ocho informantes considerados en el corpus formal, hemos seleccionado cinco que nos permitirán contrastar los patrones entonativos registrados: tres mujeres procedentes de Bolívar, Barinas y Aragua y dos hombres de Mérida y Bolívar, de modo que solo en este último punto hemos contado con los dos sexos, debido a que hemos registrado distinto comportamiento tonal en el hombre y en la mujer. A continuación, detallamos los patrones y la selección de informantes.

El patrón descendente en las declarativas y circunflejo en las interrogativas (figura 1) se registró en las mujeres de Aragua y Bolívar (se encontró, además, en la mujer de Caracas). La finalidad es ver si el contraste (descenso vs. ascenso-descenso) entre las modalidades se mantiene en el corpus *Map Task* o si coexisten otros patrones alternativos.

---

[87] Este capítulo es una síntesis de otro publicado en Dorta y Díaz (2021).

Declarativa DESCENDENTE   **Interrogativa CIRCUNFLEJA**

Figura 1: Esquema entonativo en la modalidad declarativa descendente (izquierda) y la interrogativa circunfleja (derecha).

El patrón circunflejo en las dos modalidades (figura 2) fue utilizado por los hombres de Mérida y Bolívar; se registraba de forma más evidente en la mujer de Mérida. En ambos informantes masculinos se daba una entonación declarativa circunfleja, pero que no solía tener relevancia perceptiva: el objetivo es ver si, con la mayor espontaneidad del corpus, aumenta el relieve del pico final.

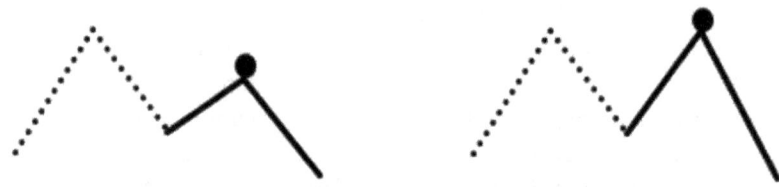

Declarativa CIRCUNFLEJA   **Interrogativa CIRCUNFLEJA**

Figura 2: Esquema entonativo en la modalidad declarativa circunfleja (izquierda) y la interrogativa circunfleja (derecha).

El patrón descendente en las dos modalidades (figura 3) se registró en las mujeres de Zulia y Barinas; seleccionamos a esta última en el presente capítulo. El objetivo es ver, por un lado, si en el corpus semiespontáneo se recoge la configuración final descendente para la modalidad interrogativa y, por otro lado, si este es el único patrón o si coexiste con el circunflejo, que es el más general en Venezuela.

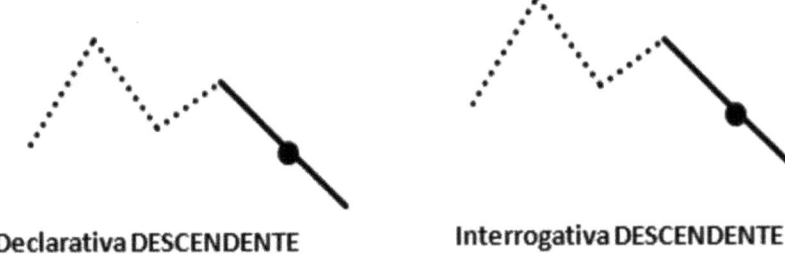

Declarativa DESCENDENTE   **Interrogativa DESCENDENTE**

Figura 3: Esquema entonativo en la modalidad declarativa descendente (izquierda) e interrogativa descendente (derecha).

En cuanto a la estructura, este cuarto capítulo, consta de cuatro apartados: en el segundo se realiza una descripción general a partir de las medias generales de los datos; el tercero apartado detalla las realizaciones de los tonos de frontera y de los acentos tonales; el cuarto muestra la distinción fonológica de las dos modalidades oracionales; finalmente, se exponen las principales conclusiones en el apartado cuarto.

2. Descripción general

Las declarativas venezolanas en habla semiespontánea se caracterizan en el final de manera diferente en mujeres y hombres: en las primeras se da un descenso hasta el final absoluto, en los segundos un ascenso antes del descenso final. Tal como se puede apreciar en la figura 4, el tono medio general (TMG) distancia a los dos sexos (5,6 St) a favor del femenino (205 y 148 Hz en mujeres y hombres, respectivamente). En las interrogativas, hemos registrado, de manera general en los dos sexos, el final circunflejo. No obstante, se da también, aunque con menor frecuencia, un final descendente prácticamente en su totalidad en la mujer de Barinas. En la figura 5 ilustramos el contorno circunflejo más general; se puede apreciar que el TMG distancia a las mujeres de los hombres por encima del umbral considerado (216 y 170 Hz, respectivamente; 4,1 St).

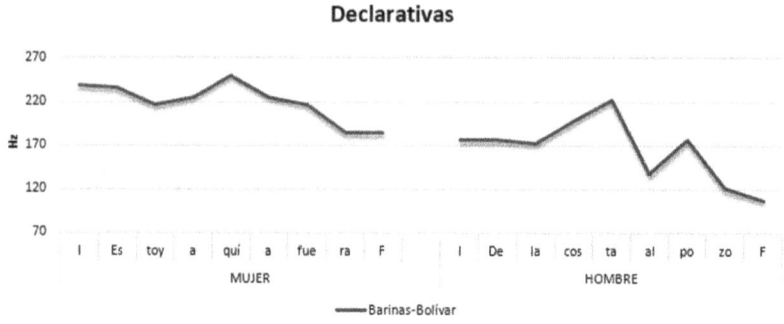

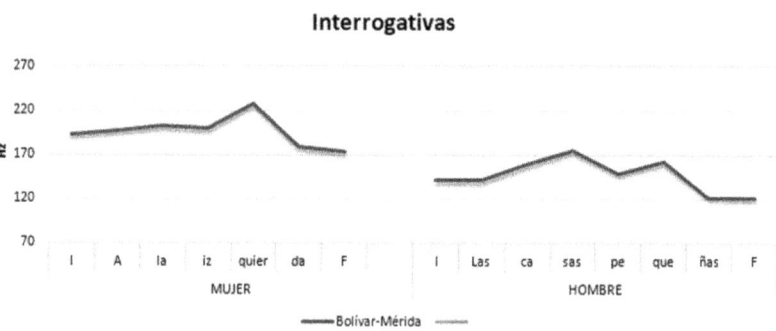

Figuras 4–5: Declarativa (izquierda) emitida por la mujer de Barinas y el hombre de Bolívar; Interrogativa (derecha) emitida por la mujer de Bolívar y el hombre de Mérida.

3. Realizaciones de los tonos de frontera y de los acentos tonales

En el primer apartado (3.1) se muestran los resultados de las oraciones que comienzan por sílaba tónica, en el segundo (3.2) por átona y, en el tercero (3.3) se incluyen tablas con las invariantes y variantes más frecuentes.

3.1. Inicio TA (tónica-átona) y final llano ATA (átona-tónica-átona)

Las figuras 6 y 7 ilustran los contornos estilizados de las declarativas e interrogativas[88] con inicio tónico y final llano TA/ATA.

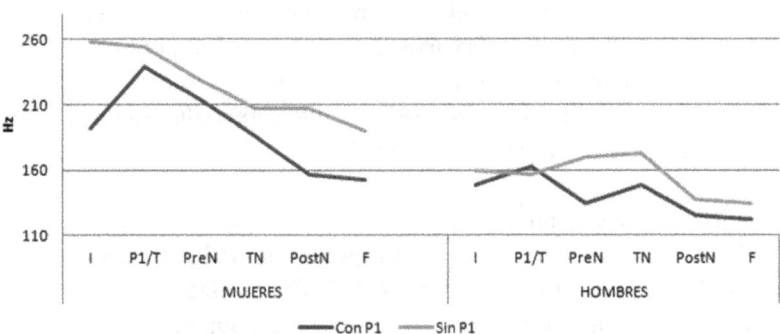

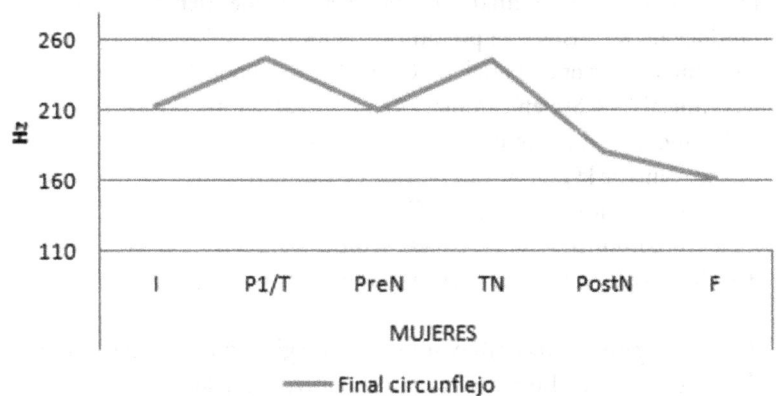

Figuras 6-7: Estilización de los contornos entonativos de las oraciones con final llano que se inician con sílaba tónica.

---

[88] I= inicio absoluto; P1= primer pico; T= tónica; PreN= pretónica nuclear; TN= tónica nuclear; PostN= postónica nuclear; F= final absoluto.

En las declarativas, en un porcentaje similar de casos (47,1 % y 45,5 %), la frecuencia fundamental de mujeres y hombres asciende hasta un pico colocándose el inicio absoluto en torno a la media del informante (-0,2 y 0,7 St, respectivamente); en el 52,9 % restante de los casos de la voz femenina, la melodía registra un descenso desde el inicio situándose este significativamente por encima de la media (2,1 St); en cambio, en el 54,5 % restante de los casos de los hombres, se da un ascenso continuo de la curva hasta el pico nuclear por lo que no hay pico inicial y el punto de partida se sitúa en la media del informante (0,4 St).

En lo que respecta al núcleo entonativo, la diferente configuración también evidencia contrastes entre mujeres y hombres:

- Mujeres: se da siempre un contorno final descendente de manera que el salto desde la pretónica a la tónica supera el umbral perceptivo (-2,1 St) colocándose esta última vocal por debajo del TMG, aunque solo en las oraciones que no presentan pico inicial llega a superar las diferencias mínimas perceptibles (-0,7 St con pico y -1,7 St sin pico).
- Hombres: el contorno nuclear es mayoritariamente circunflejo (84,6 %) pues solo puntualmente es descendente en el hombre de Bolívar (15,4 %[89]). En el primero de estos finales, cuando las oraciones tienen pico inicial, se produce un ascenso de la pretónica a la tónica (1,8 St) dejando la tónica ligeramente por encima del TMG (0,7 St), pero por debajo del valor del pico inicial (-1,6 St); en cambio, cuando las oraciones no tienen pico inicial el movimiento circunflejo abarca toda la frase por lo que, aunque el movimiento de la pretónica a la tónica sea imperceptible (0,3 St), la tónica supera significativamente el TMG (1,8 St). Finalmente, en los dos sexos, el final absoluto medio de las curvas se sitúa significativamente por debajo del TMG (-3,6 y -2,7 St en mujeres y hombres, respectivamente).

En las interrogativas, en cambio, solo hemos registrado oraciones con inicio tónico en las mujeres. En todos los casos, la estructura del núcleo entonativo es circunfleja de manera que, considerando la distancia desde la pretónica a la tónica nuclear y de esta última respecto del TMG, el resultado es un valor

---

[89] Este 15,4 % de oraciones descendentes lo hemos excluido de este estudio para no distorsionar los resultados al tratarse de un patrón esporádico con diversa configuración (el 7,7 % presenta pico inicial y el restante un descenso desde el inicio).

relevante perceptivamente (2,7 St); el descenso final brusco (-4,2 St) deja el término de las curvas significativamente por debajo del TMG.

En la tabla 1 aparecen las variantes y los porcentajes correspondientes de los tonos de frontera inicial y final y de los acentos tonales inicial y final de ambas modalidades oracionales.

Tabla 1: Realizaciones tonales en las oraciones con inicio tónico y final llano

			TA-ATA		
Inf.	Mod.	% Tono inicial	Acento inicial	Acento nuclear	Tono final %
M	D	%H 47,1 %	L*+H 58,3 %	L* (/L*/) 64,7 %	L% 94,1 %
		%L 5,9 %	H* 41,7 %	H* (/H*/) 35,3 %	ML% 5,9 %
		%M 17,6 %			
		%MH 5,9 %			
		%ML 23,5 %			
	I	%H 50 %	L*+H 50 %	L+H* (/L+H*/) 16,7 %	L% 100 %
		%L 50 %	L+>H* 50 %	L+H* (/H*/) 16,7 %	
				L+¡H* (/H*/) 16,7 %	
				H* (/H*/) 33,2 %	
				¡H*(/H*/) 16,7 %	
H	D	%H 9,1 %	L*+H 60 %	L+H*(/L+H*/) 27,3 %	L% 100 %
		%L 9,1 %	H* 30 %	L+H*(/H*/) 9,1 %	
		%M 36,3 %	L+>H* 10 %	H* (/H*/) 45,4 %	
		%MH 18,2 %		¡H* (/H*/) 9,1 %	
		%ML 27,3 %		L* (/L*/) 9,1 %	
	I	-	-	-	-

Como puede verse en la tabla anterior, en las declarativas el tono de frontera inicial evidencia diferencias entre los dos sexos. Así, las mujeres inician las frases generalmente en un tono alto ([%H] 47,1 %) o medio con distintas variantes ([%MH], [%ML] y [%M] 47 %); los hombres, en cambio, mayoritariamente en torno a la media ([%MH], [%ML] y [%M] 81,8 % frente al tono alto con un 9,1 %). Solo esporádicamente el inicio se coloca por debajo de la media ([%L]) en los dos sexos (5,9 % en las mujeres y 9,1 % en los hombres). En las interrogativas, si observamos el tono de frontera inicial podemos ver que la mitad de las oraciones tienen su punto de partida por encima del TM ([%H]) y la otra mitad por debajo ([%L]).

Frente a esta variabilidad, en el primer acento, los dos sexos coinciden en declarativas en el uso frecuente de un acento tonal bitonal con tónica baja [L*+H] y, en menor porcentaje, de uno monotonal con tónica alta [H*]. En las interrogativas, sin embargo, las variantes se reparten al 50 %: tónica baja y acenso posterior ([L*+H]) y tónica alta y pico posterior, es decir, acento desplazado ([L+>H*]).

En relación con el núcleo entonativo se observa lo siguiente:

· Declarativas

Las mujeres utilizan más frecuentemente un acento tonal con tónica baja [L*] (64,7 %); no obstante, en un 35,3 % la tónica queda alta ([H*]) a pesar de que la trayectoria de la curva es descendente y concluye frecuentemente por debajo de la media del informante ([L%]); ello es debido a que la oración tiene un único acento o dos en situación de *clash* y, al tratarse de inicio tónico, no existen átonas precedentes que faciliten el descenso significativo de la F0. En los hombres, el final circunflejo favorece la aparición de diferentes variantes nucleares dependiendo de las variables siguientes: a) si existe valle previo al pico nuclear (36,4 %) sea relevante la subida (/L+H*/ 27,3 %) o no (/H*/ 9,1 %); b) de si el último pico presenta escalonamiento descendente ([!H*] 9,1 %); c) de si, fundamentalmente, se da una subida continua generalmente desde el inicio dejando una tónica alta ([H*] 45,4 %); o d) de si el ascenso del pico hasta la última tónica no alcanza el semitono y medio (9,1 %) y, por ello, etiquetamos /L*/ como en las mujeres. En todo caso, en los hombres, como sucedía mayoritariamente en las mujeres, el final se sitúa significativamente por debajo del TM ([L%], 100 %).

· Interrogativas

El contorno circunflejo más frecuente es el que presenta acento monotonal alto seguido del tono de frontera bajo (/H* L%/, 83,3 %) con diferentes variantes ([L+H*], [L+!H*], [H*] y [¡H*]); con menor frecuencia encontramos un ascenso significativo de la F0 hasta la tónica nuclear con posterior descenso hasta el final (/L+H* L%/, 16,7 %) con una única realización ([L+H* L%]).

3.2. Inicio AT-ATA (átona-tónica o átona-tónica-átona) y final llano ATA (átona-tónica-átona)

Las figuras 8 y 9 ilustran los contornos estilizados de las declarativas e interrogativas con inicio átono y final llano TA/ATA.

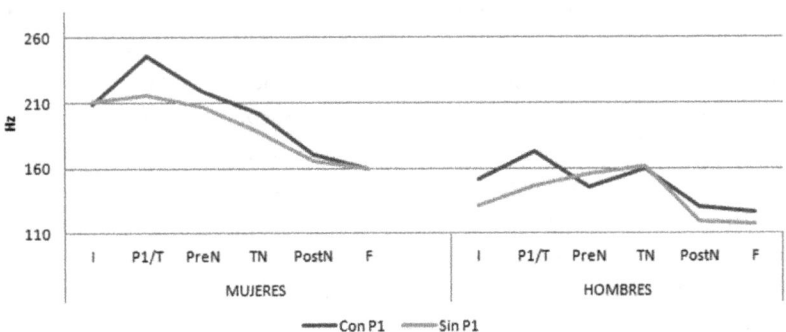

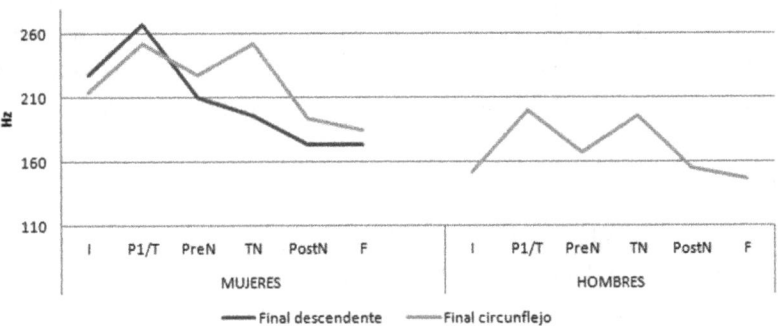

Figuras 8-9: Estilización de los contornos entonativos de las oraciones con final llano que se inician con sílaba átona.

Cuando los inicios son átonos, se observan diferencias entre modalidades oracionales y sexos.

· Declarativas

La mayoría de las oraciones de las mujeres tienen pico en la frontera inicial (83,3 %) manteniéndose el inicio absoluto de las curvas en torno a la media (0,3 St); cuando no hay pico inicial (16,7 %) el inicio se coloca significativamente por encima de la media (2 St). En el núcleo entonativo, al contrario que en las oraciones que comenzaban por inicio tónico, el descenso que se produce desde la pretónica a la tónica es relevante en las oraciones sin pico (-1,7 St), pero en las que tienen pico no se supera el umbral diferencial (-1,4 St); no obstante, en los dos casos la tónica se sitúa en el TM (-0,3 St con pico y 0 St sin pico).

En los hombres el patrón más general vuelve a ser el circunflejo (88,9 %) y el descendente sigue apareciendo puntualmente en Bolívar (11,1 %). En el primero, como en las mujeres, son más frecuentes las oraciones que se inician con pico (81,3 %) que las que tienen un ascenso continuo hasta el pico nuclear (18,7 %); en ambos casos, las curvas se inician en el TMG (0,1 St y -0,9 St, respectivamente). En el núcleo entonativo, como veíamos con los inicios tónicos, el ascenso desde la pretónica a la tónica es relevante (1,6 St) en las oraciones que se inician con pico e imperceptible (0,7 St) en la que se da ascenso continuo desde el inicio; la relación de la tónica con el tono medio, en cambio, presenta diferencias relevantes, puesto que si bien los dos tipos de oraciones quedan por encima del TMG, las primeras lo hacen solo ligeramente (1 St)[90] y las segundas de manera significativa (2,8 St). En todos los casos, el final medio se sitúa por debajo del TMG (-3,6 y -3 St en mujeres y hombres, respectivamente).

· Interrogativas

Si bien en los hombres se da en todos los casos un final circunflejo cuando el inicio es átono, en las mujeres el comportamiento tonal evidencia la existencia de dos patrones nucleares de los cuales el circunflejo es el más frecuente (71,4 %) como en el otro sexo. El segundo patrón (28,6 %) no presenta pico destacado antes del descenso final por lo que es descendente, sobre todo en la mujer de Barinas (21,4 %) y puntualmente en la de Aragua (7,1 %). En el corpus formal (capítulo 3) pudimos ver que la primera informante se caracterizaba por la entonación descendente de sus interrogativas; en el corpus que hemos analizado ahora, en cambio, se pone de relieve que junto al patrón descendente (50 %) es posible la entonación circunfleja (50 %). Por otra parte, tal como se ha visto para el corpus formal, si comparamos una interrogativa descendente con una circunfleja la diferencia en el TM entre ambas es imperceptible (0,2 St); sin embargo, al comparar las interrogativas descendentes con las declarativas

---

[90] El valor de la tónica nuclear donde se sitúa el pico final es inferior al alcanzado por el del primer pico, aunque las diferencias no alcanzan el umbral (1,4 St).

descendentes femeninas con inicio átono se puede comprobar que la diferencia a favor de las primeras es relevante (2,2 St); por tanto, la mayor altura tonal de una frente a la otra es un rasgo que permite diferenciar las dos modalidades.

Por otro lado, con independencia del patrón final, las curvas interrogativas se inician en torno a la media en las mujeres (-01 St) y significativamente por debajo en los hombres (-1,9 St). No obstante, el núcleo según el contorno final varía: en el descendente se produce un descenso irrelevante de la pretónica a la tónica (-1,2 St), aunque esta última se coloca por debajo del TMG (-2,2 St); ya en el final absoluto la distancia respecto de la media supera bastante la media (-4,4 St); en el circunflejo se da un ascenso medio relevante desde el punto de vista perceptivo en el salto de la pretónica a la tónica (1,7 St en mujeres y 2,8 St en hombres) que deja a esta última vocal por encima del TMG (2,3 St en mujeres y 2,5 St en hombres) y por debajo al final de este (-3,1 St en mujeres y -2,5 St en hombres).

Acorde con la descripción de los párrafos precedentes podemos ver en la tabla 2 las realizaciones de los tonos de frontera y de los acentos tonales inicial y final.

Tabla 2: Realizaciones tonales en las oraciones con inicio átono y final llano

			AT-ATA/ATA		
Inf.	Mod.	% Tono inicial	Acento inicial	Acento nuclear	Tono final %
M	D	%H 38,9 % %L 11,1 % %M 16,7 % %MH 22,2 % %ML 11,1 %	L*+H 43,8 % H* 25 % L+>H* 6,2 % L+H* 25 %	L*(/L*/) 100 %	L% 100 %
	I	%L 7,1 % %M 28,6 % %MH 42,9 % %ML 21,4 %	L*+H 45,4 % H* 36,4 % L+>H* 18,2 %	L+H* (/L+H*/) 28,6 % L+H* (/H*/) 14,3 % L+¡H* (/H*/) 7,1 % H* (/H*/) 21,4 % L* (/L*/) 28,6 %	L% 92,9 % ML% 7,1 %
H	D	%M 43,8 % %MH 6,2 % %ML 31,3 % %L 12,5 % %H 6,2 %	L*+H 50 % H* 6,3 % L+>H* 25 % L+H* 18,7 %	L+H* (/L+H*/) 31,3 % L+H* (/H*/) 12,5 % L+¡H* (/L+H*/) 12,5 % H* (/H*/) 18,7 % ¡H*(/H*/) 6,3 % L*(/L*/) 18,7 %	L% 87,5 % ML% 12,5 %
	I	%M 25 % %ML 12,5 % %L 62,5 %	L+>H* 75 % L+H* 25 %	L+H* (/L+H*/) 25 % L+H* (/H*/) 12,5 % H* (/H*/) 50 % ¡H* (/H*/) 12,5 %	L% 87,5 % ML% 12,5 %

En relación con el tono de frontera, en las declarativas lo más general en los hombres y, menos significativamente en las mujeres, es que el tono de frontera inicial se coloque en la media del informante ([%MH], [%ML] y [%M] 81,3 % y 50 %, respectivamente); en las mujeres es destacable el porcentaje del acento [%H] (38,9 %). En la otra modalidad, estas últimas usan generalmente (92,9 %) un tono medio inicial con diferentes variantes ([%MH], [%ML] y [%M]) frente a los hombres que emplean uno bajo ([%L], 62,5 %).

En lo que respecta al acento inicial, como en los inicios tónicos, en declarativas es más habitual el bitonal con tónica baja [L*+H] en los dos sexos (43,8 % en las mujeres y 50 % en los hombres); en el resto de los casos, la tónica queda alta repartiéndose el porcentaje entre los alotonos [H*], [L+H*] y [L+>H*]. En interrogativas, mientras las mujeres emplean frecuentemente el acento bitonal con tónica baja ([L*+H], 45,4 %), los hombres utilizan mayoritariamente el esquema con desplazamiento del pico ([L+>H*], 75 %), esquema este que en las mujeres alcanza el peor porcentaje (18,2 %).

Por último, el núcleo entonativo presenta diferencias entre las dos modalidades: en las declarativas de las mujeres se da el descenso hasta el final absoluto quedando la tónica baja y el final significativamente por debajo del TM ([L* L%], 100%); en los hombres, se da un movimiento ascendente-descendente caracterizado por diferentes esquemas nucleares entre los que destacan las diversas variantes del bitonal /L+H*/ ([L+H*], [L+!H*] 43,8 %) frente al monotonal /H*/ ([L+H*], [H*] y [!H*] 37,5%). Los casos en que el ascenso hasta el pico final no es relevante desde el punto de vista perceptivo son muy bajos (/L*/18,7 %); en las interrogativas, el patrón circunflejo más general (el más frecuente) es el que presenta un acento nuclear alto /H*/ (71,4 % en mujeres y 75 % en hombres) con distintas variantes ([L+H*], [H*] y [L+¡H*] o [¡H*]); el descenso a partir del pico deja el final por debajo del TM (92,9 % y 87,5%), salvo excepciones en que queda en torno al tono medio. Los casos en que las mujeres no usan el patrón circunflejo, sino el descendente ([L* L%], 28,6 %) son, como se ha dicho, más escasos.

3.3. Invariantes y variantes

Presentamos, en este apartado, las invariantes y variantes más frecuentes en el corpus analizado. En la tabla 3, correspondiente a las declarativas, se observa que, si comparamos los inicios tónicos (TA) y átonos (AT-ATA), en los hombres el inicio se sitúa mayoritariamente en la media del informante (/%M/), pero en las mujeres esto sucede solo en los inicios átonos, ya que en los tónicos alterna con un tono alto (/%H/) debido en parte a que en esta modalidad las oraciones que se inician sin pico y a una frecuencia alta son más elevadas.

En el acento inicial, en cambio, ambos sexos coinciden en utilizar mayoritariamente un acento bitonal con tono bajo seguido de tono alto (/L*+H/) aunque los porcentajes de aparición de la invariante en ambos sexos son más elevados cuando el inicio es tónico.

En el acento nuclear y en el tono de frontera final, las mujeres utilizan un tono bajo (/L* L%/) sobre todo si el inicio es átono; en los hombres la invariante más frecuente para el final circunflejo es el acento monotonal alto (/H*/) seguido del tono de frontera bajo (/L%/), máxime si las oraciones inician con vocal tónica.

Tabla 3: Acentos tonales y variantes más frecuentes en las frases declarativas con final llano e inicio átono y tónico

		Tonos de frontera, acentos tonales y variantes en las declarativas							
		% Tono inicial		Acento inicial		Acento nuclear		Tono final %	
Inf.	Inicio-final	Inv.	Var.	Inv.	Var.	Inv.	Var.	Inv.	Var.
M	TA-ATA	%H %M	%H 47,1 % %M L 41 %	L*+H	L*+H 58,3 %	L*	L* 64,7 %	L%	L% 94,1 %
	AT-ATA/ATA	%M	%MH 50 %	L*+H	L*+H 43,8 %	L*	L* 100 %	L%	L% 100 %
H	TA-ATA	%M	%M 81,8 %	L*+H	L*+H 60 %	H*	H* 63,6 %	L%	L% 100 %
	AT-ATA/ATA	%M	%M 81,3 %	L*+H	L*+H 50 %	L+H*	L+H* 43,8 %	L%	L% 100 %

En lo que respecta a las interrogativas, en la tabla 4 puede verse que, cuando los inicios son tónicos, las mujeres alternan el tono de frontera alto (/%H/) con el bajo (/%L/); en cambio, si el inicio es átono, el tono es medio (/%M/). En los hombres, como hemos dicho, no se registraron inicios tónicos y en los átonos el tono de frontera frecuente es bajo (/%L/). En relación con el acento inicial, si el inicio es tónico, en las mujeres alterna el esquema /L*+H/ con /L+H*/; si el inicio es átono, se da el bitonal /L*+H/ en las mujeres y /L+H*/ en los hombres. Finalmente, el acento nuclear y el tono de frontera final con más porcentaje de aparición es /H* L%/.

Tabla 4: Acentos tonales y variantes más frecuentes en las frases interrogativas con final llano e inicio átono y tónico

		Tonos de frontera, acentos tonales y variantes en las interrogativas							
		% Tono inicial		Acento inicial		Acento nuclear		Tono final %	
Inf.	Inicio-final	Inv.	Var.	Inv.	Var.	Inv.	Var.	Inv.	Var.
M	TA-ATA	%H %L	%H 50 % %L 50 %	L*+H L+H*	L*+H 50 % L+>H* 50 %	H*	H* 83,3 %	L%	L% 100 %
	AT-ATA/ATA	%M	%MH 92,9 %	L*+H	L*+H 45,4 %	H*	H* 42,8 %	L%	L% 92,9 %
H	TA-ATA	-	-	-	-	-	-	-	-
	AT-ATA/ATA	%L	%L 62,5 %	L+H*	L+>H*100 %	H*	H* 75 %	L%	L% 87,5 %

4. Distinción fonológica: declarativas vs. interrogativas

En este apartado compararemos las invariantes con mayor frecuencia de uso en las dos modalidades oracionales. Véase la tabla 5.

Tabla 5: Tonos de frontera y acentos tonales invariantes de mujeres y hombres en declarativas e interrogativas

		Distinción fonológica declarativas vs. interrogativas							
		% Tono inicial		Acento inicial		Acento nuclear		Tono final %	
Inf.	Inicio-final	D	I	D	I	D	I	D	I
M	TA-ATA	%H %M	%H %L	L*+H	L*+H L+H*	L*	H*	L%	L%
	AT-ATA/ATA	%M	%M	L*+H	L*+H	L*	H*	L%	L%
H	TA-ATA	%M	-	L*+H	-	H*	-	L%	-
	AT-ATA/ATA	%M	%L	L*+H	L+H*	L+H*	H*	L%	L%

Como puede verse en la tabla anterior, en el tono de frontera inicial y en el acento inicial de las interrogativas hay mayor diversidad que en las declarativas; con todo, lo más destacable es que en el acento inicial /L*+H/ aparece en las dos modalidades, aunque en las interrogativas junto a este acento bitonal con tónica baja alterna /L+H*/ con tónica alta.

El acento nuclear y el tono de frontera final, por su parte, describen un contraste entre declarativas e interrogativas en el caso de las mujeres:

/L* L%/ vs. /H* L%/, es decir, patrón descendente vs. alto-descendente o circunflejo. En los hombres, en cambio, se registra este último en las dos modalidades, aunque en las declarativas con inicio átono puede precederle un valle (/L+H* L%/). Por tanto, lo más relevante es que en el tramo final de las curvas no se podría distinguir la modalidad en todos los casos a partir del etiquetaje aplicado. Existen, no obstante, otras evidencias fonéticas para diferenciar declarativas e interrogativas. Así, si consideramos la distancia media del pico nuclear de declarativas (161 Hz) e interrogativas (196 Hz) podemos comprobar (figura 10) que la distancia es significativa (3,4 St) favoreciendo, como en las mujeres, la mayor altura de las interrogativas. Por ello, se hace necesario ampliar los estudios en trabajos posteriores para determinar si este rasgo puede ser un índice entonativo determinante en la distinción entre ambas.

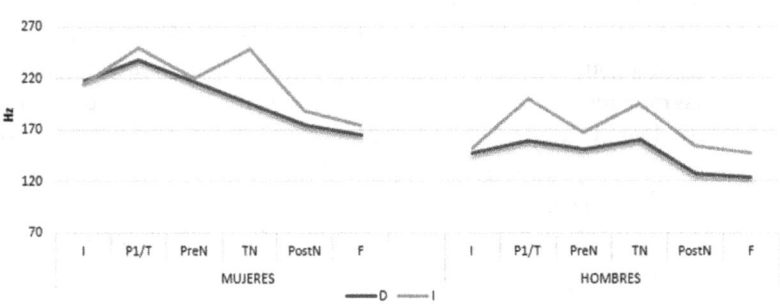

Figura 10: Estilización de los contornos entonativos de las frases declarativas e interrogativas.

5. Conclusiones

En este capítulo hemos realizado un estudio fonético-fonológico (según la propuesta de Dorta et al., 2013 a y Dorta y Díaz, 2018 c) de oraciones declarativas e interrogativas con acento final llano de un corpus *Map Task* emitido por mujeres y hombres sin estudios superiores procedentes de cuatro regiones venezolanas: Central (Aragua), Los Llanos (Barinas), Los Andes (Mérida) y

Sur-Oriental (Bolívar). Los resultados obtenidos nos permiten extraer las siguientes conclusiones más relevantes:

1) Las declarativas venezolanas con final llano presentan diferencias entre los sexos en el núcleo entonativo. Así, en las mujeres hemos registrado la entonación más general en español, esto es, un contorno descendente hasta el final absoluto (/L* L%/); en cambio, los hombres usan un patrón circunflejo (/H* L%/), aunque excepcionalmente es descendente o el pico nuclear no tiene un ascenso relevante perceptivamente (/L* L%/). Si bien en las mujeres este comportamiento coincide con el descrito para el corpus experimental (capítulo 3), no sucede lo mismo en los hombres pues, en este último corpus, se registraba un pequeño pico nuclear que carecía de relevancia perceptiva al contrario de lo que sucede en el habla más espontánea donde hemos observado que el pico sí tiene relieve y que el movimiento puede abarcar toda la frase. En definitiva, la mayor espontaneidad del corpus propicia que la configuración del pico adquiera importancia.

2) En las interrogativas, todos los informantes coinciden en utilizar la configuración circunfleja (/H* L%/). No obstante, si el inicio es átono en las mujeres se da un patrón descendente en un 28,6 % prácticamente centrado en la mujer de Barinas (21,4 %). Los datos del corpus experimental coinciden con los del *Map Task* en todos los informantes, con la excepción de Barinas en que solo se registraba el patrón descendente y no el circunflejo. Por tanto, este último es favorecido en este caso por el habla más espontánea.

Reconocimiento perceptivo de la prosodia venezolana

1. Introducción

Como vimos en los capítulos 3 y 4, dedicados al corpus formal y *Map Task*, en Venezuela se registran varios patrones en la modalidad declarativa e interrogativa. Los describimos a continuación a modo de recordatorio:

- **Patrón descendente en declarativas y circunflejo en interrogativas:** en las mujeres de Caracas, Aragua y Bolívar las dos modalidades quedan diferenciadas en el corpus formal por los patrones descendente en declarativas y circunflejo en interrogativas. En el corpus semiespontáneo se confirma la entonación descendente y circunfleja para ambas modalidades en las mujeres de Aragua y Bolívar (descritas en el capítulo 4).
- **Patrón circunflejo en las dos modalidades oracionales:** en la mujer de Mérida y en los hombres de Mérida y Bolívar hemos registrado en el corpus formal una entonación circunfleja en ambas modalidades, pero si bien en las interrogativas el valor del ascenso que precede al pico nuclear es siempre relevante desde el punto de vista perceptivo, en las declarativas ello solo sucede puntualmente en los agudos y llanos de la mujer de Mérida y en los llanos del hombre de Bolívar, por lo que solo en estos casos consideramos que el pico se ha realizado. La mayor espontaneidad del corpus *Map Task* propicia, sin embargo, que la configuración del pico de las declarativas adquiera importancia en el hombre de Mérida y Bolívar.

- **Patrón descendente en las dos modalidades:** las mujeres de Barinas y Zulia presentan siempre una entonación descendente en declarativas e interrogativas. Este patrón descendente interrogativo se registra en la mujer de Barinas en el corpus *Map Task*, aunque alterna con el circunflejo.

En este cuarto capítulo[91] comprobaremos la representatividad de los anteriores patrones entonativos a partir de la realización de un test de percepción, teniendo en cuenta, en primer lugar, el reconocimiento de la modalidad oracional del estímulo presentado y, en segundo lugar, si, a juicio del auditor, el estímulo escuchado se relaciona o no con la variedad canaria, muy próxima a la venezolana (*v. gr.* Dorta y Díaz, 2018 b). De acuerdo con lo anterior, este capítulo se estructura en tres apartados: en el apartado 2 se presenta la descripción del test de percepción; en la tercera parte, los resultados; en último lugar, las conclusiones.

2. El test de percepción

2.1. Puntos de encuesta e informantes

Para la preparación del test hemos seleccionado las emisiones de tres mujeres venezolanas procedente de Mérida, Aragua y Zulia en la se dan los patrones representativos que se describieron en los capítulos 3 y 4 y se explicarán en el apartado 2.2 (*Estímulos del test*). Se añadieron al test estímulos de mujeres de otras variedades del dominio español procedentes de Canarias (Tenerife y El Hierro), Cuba (La Habana), Colombia (Medellín y Bogotá) y Texas (San Antonio). Las nueve informantes tienen edades comprendidas entre los 18 y 55 años.

2.2. Estímulos del test

A partir del análisis con el programa Matlab de las oraciones naturales del tipo SVO estudiadas en este libro, obtuvimos los estímulos resintetizados y desprovistos de carga léxico-semántica necesarios para la realización del test (archivos .ton).

---

[91] Este capítulo es una síntesis de otro publicado en Dorta, Díaz y Hernández (2018).

Los estímulos se han empleado con el objetivo de averiguar si la prosodia por sí sola permite identificar las modalidades declarativa e interrogativa principalmente de la variedad venezolana y su proximidad con la variedad de español de los auditores. La elección de estos puntos de encuesta se hizo en función de la representatividad de los patrones descritos en capítulos anteriores y en otros trabajos (véase Dorta Ed., 2018). Siguiendo este criterio, los estímulos elegidos fueron 14 y proceden de declarativas e interrogativas con esquema acentual llano en los sintagmas de frontera por ser el acento más frecuente en español (79,5 % según Quilis, 1983).

Para la modalidad declarativa (tabla 1) se ha seleccionado el contorno circunflejo /L+¡H* L%/ registrado en Mérida y el descendente /L* L%/ de Aragua que es el general en el resto de variedades del español: de estas se ha escogido un estímulo de Tenerife, La Habana, Medellín y San Antonio.

Tabla 1: Distribución de estímulos declarativos según la procedencia y el patrón nuclear

Variedad	Loc.	Inv.	Var.
	DECLARATIVAS Patrón nuclear de los estímulos		
Venezolano	Mérida	L+¡H* L%	L+¡H* L%
	Aragua	L* L%	¡H+L* L%
Canario	Tenerife	L* L%	L* L%
Cubano	La Habana	L* L%	L* L%
Colombiano	Medellín	L* L%	L* L%
Texano	San Antonio de Texas	L* L%	L* L%

A continuación, mostramos las curvas reales[92] de los estímulos declarativos sin resintetizar (figuras 1–6).

---

[92] Los gráficos han sido elaborados con un script para Praat (Elvira García, 2017).

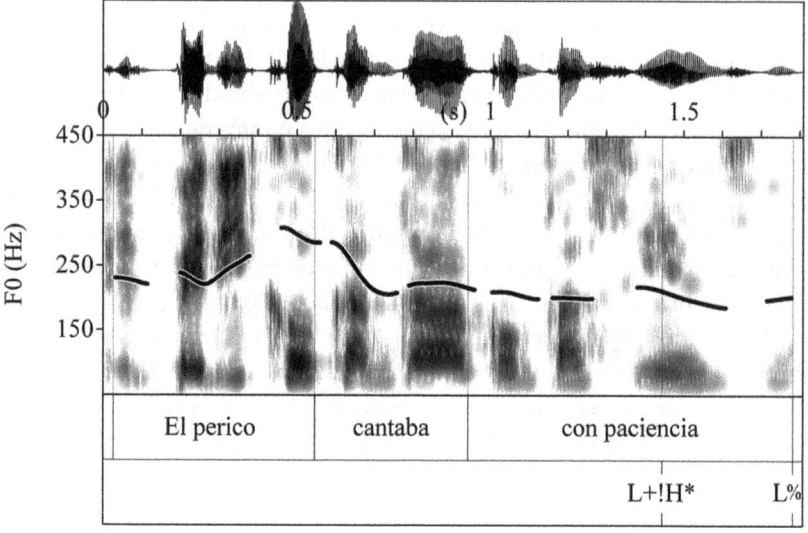

Figura 1: Curva real (sin resintetizar) del estímulo declarativo de Mérida.

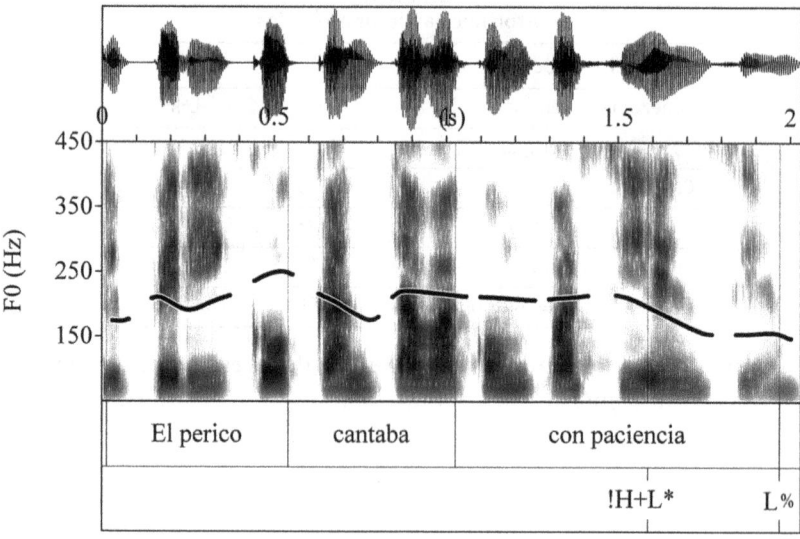

Figura 2: Curva real (sin resintetizar) del estímulo declarativo de Aragua.

EL TEST DE PERCEPCIÓN

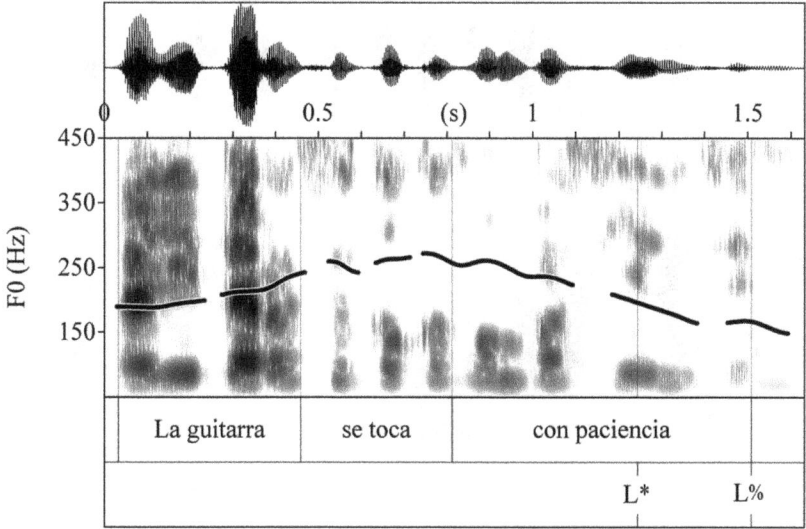

Figura 3: Curva real (sin resintetizar) el estímulo declarativo de Tenerife.

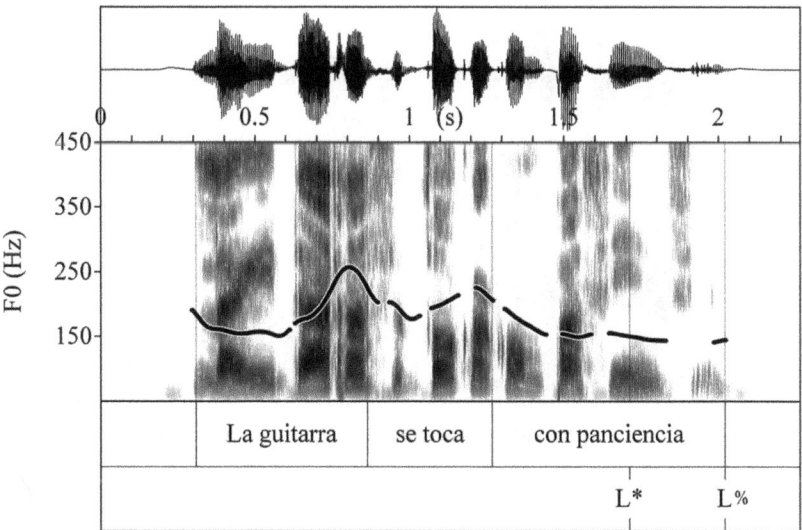

Figura 4: Curva real (sin resintetizar) del estímulo declarativo de La Habana.

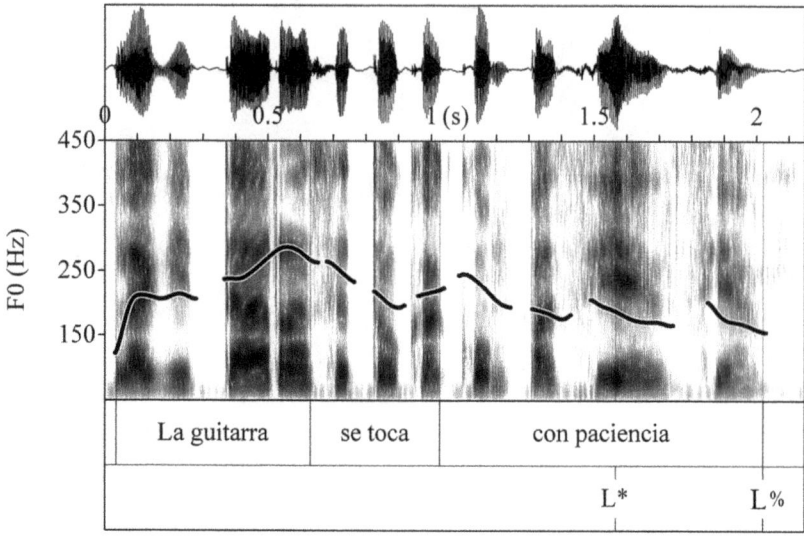

Figura 5: Curva real (sin resintetizar) del estímulo declarativo de Medellín.

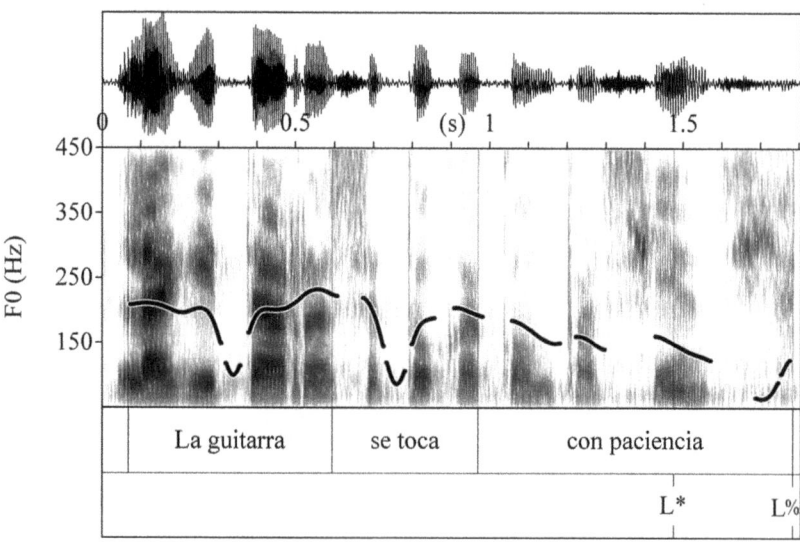

Figura 6: Curva real (sin resintetizar) del estímulo declarativo de San Antonio de Texas.

Para las interrogativas (tabla 2) se han considerado los tres tipos de contorno que caracterizan a los estímulos elegidos en los puntos o zonas de español seleccionadas.

- **Descendente:** en algunas zonas de Venezuela se ha detectado en las interrogativas un contorno final descendente como en las declarativas; por ello, hemos incluido un estímulo venezolano de Zulia con esta tipología para comprobar cómo la perciben los auditores.
- **Circunflejo:** este es el general en las variedades venezolanas. Se han seleccionado estímulos de Aragua, de Tenerife, La Habana y Medellín. A pesar de que estas variedades comparten el mismo esquema fonológico en los acentos finales llanos circunflejos en tanto que es /L+H* L%/, fonéticamente solo la variedad canaria de Tenerife y la cubana de La Habana presentan el último pico escalonado en habla femenina ([L+¡H* L%*]): Aragua y Medellín tienen el último pico al mismo nivel del primero.
- **Ascendente:** no se recoge en ninguna zona venezolana analizada. Los estímulos, con esquema /L*+H H%/, están presentes en las variedades de El Hierro, Bogotá y San Antonio de Texas y es el que se registra, fundamentalmente, en el español peninsular central (para Madrid [L* HH%], véase Estebas-Vilaplana y Prieto, 2010).

Tabla 2: Distribución de estímulos interrogativos según la procedencia y el patrón nuclear

		INTERROGATIVAS Patrón nuclear de los estímulos	
Variedad	Loc.	Inv.	Var.
Venezolano	Aragua	L+H* L%	L+H* L%
	Zulia	L* L%	L* L%
Canario	Tenerife	L+H* L%	L+¡H* L%
	El Hierro	L*+H H%	L*+H H%
Cubano	La Habana	L+H* L%	L+¡H* L%
Colombiano	Medellín	L+H* L%	L+H* L%
	Bogotá	L*+H H%	L*+H H%
Texano	San Antonio de Texas	L*+H H%	L*+H H%

Véanse en las figuras 7–14 las curvas interrogativas reales.

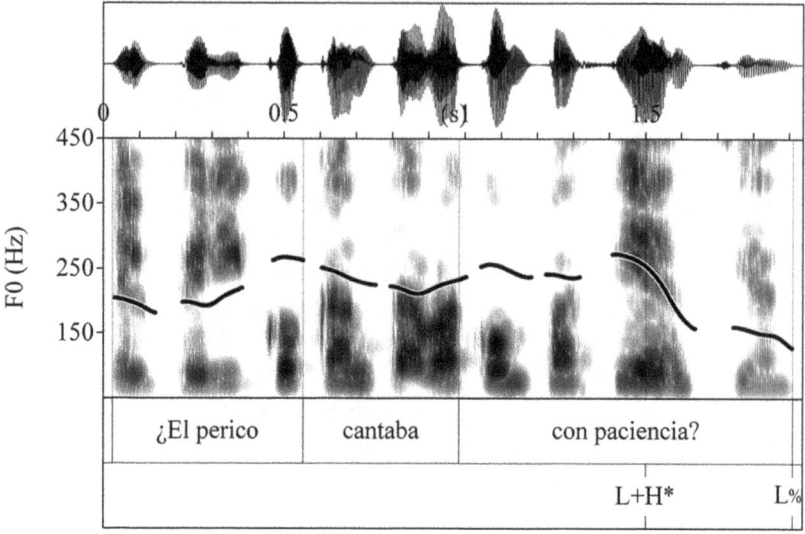

Figura 7: Curva real (sin resintetizar) del estímulo interrogativo de Aragua.

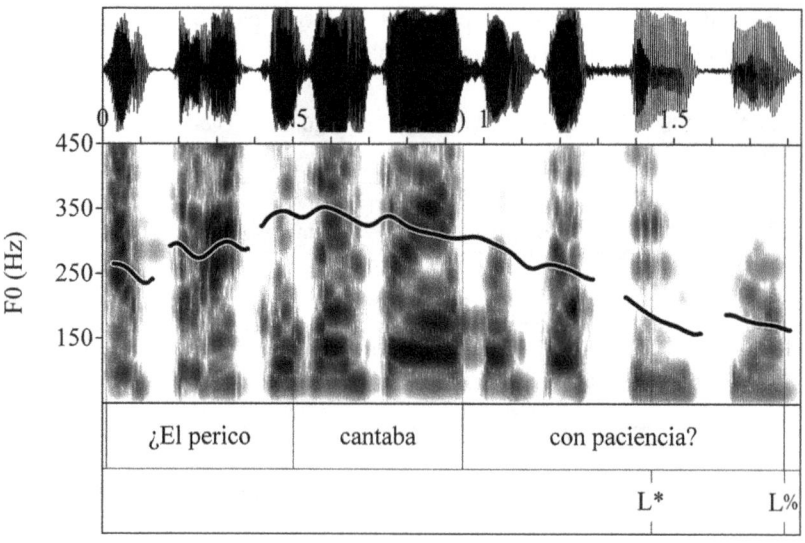

Figura 8: Curva real (sin resintetizar) del estímulo interrogativo de Zulia.

EL TEST DE PERCEPCIÓN

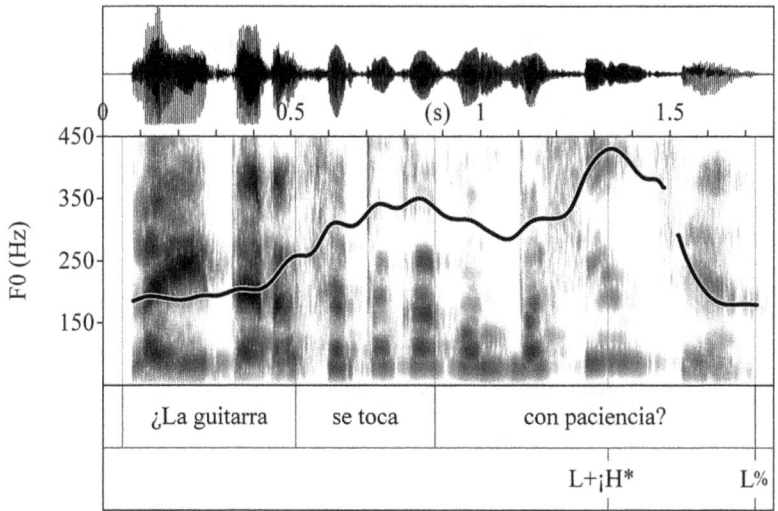

Figura 9: Curva real (sin resintetizar) del estímulo interrogativo de Tenerife.

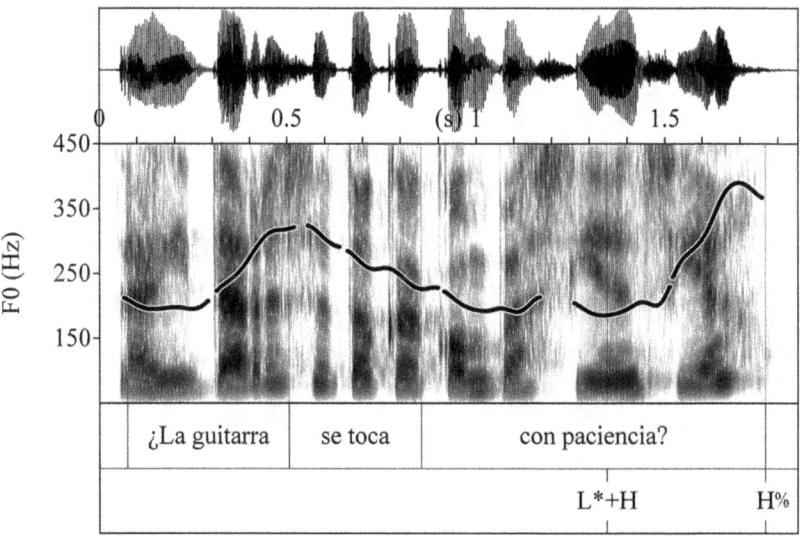

Figura 10: Curva real (sin resintetizar) del estímulo interrogativo de El Hierro.

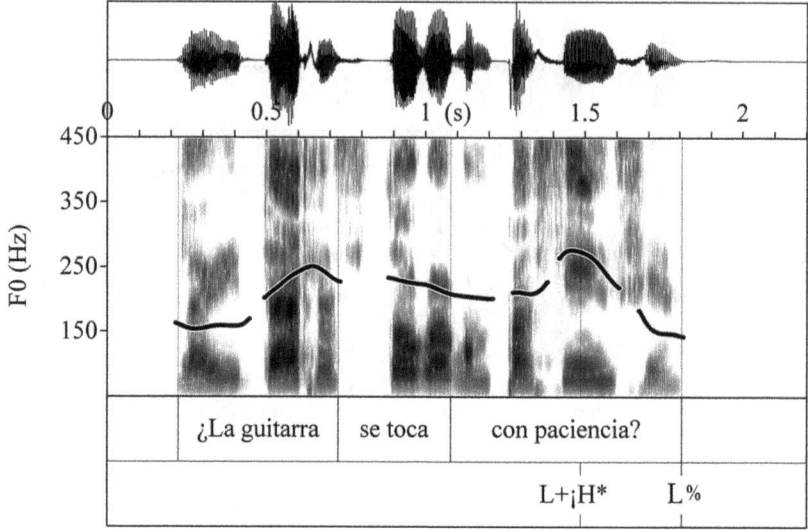

Figura 11: Curva real (sin resintetizar) del estímulo interrogativo de La Habana.

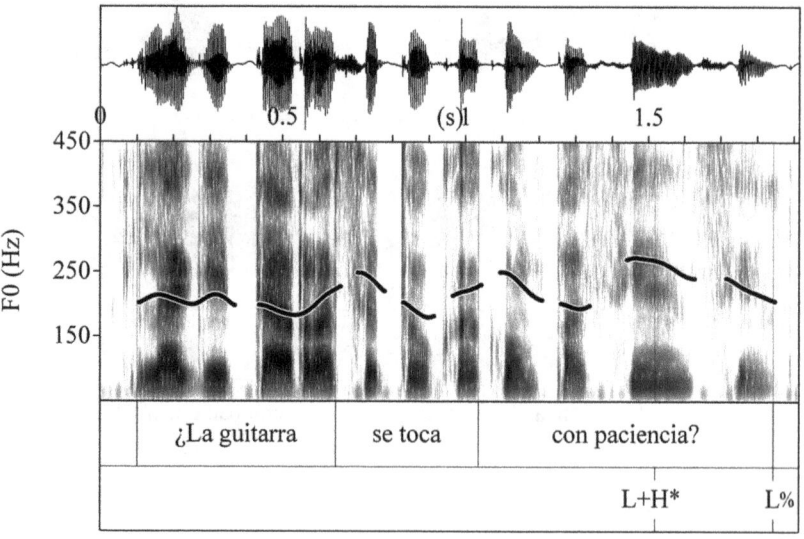

Figura 12: Curva real (sin resintetizar) del estímulo interrogativo de Medellín.

EL TEST DE PERCEPCIÓN

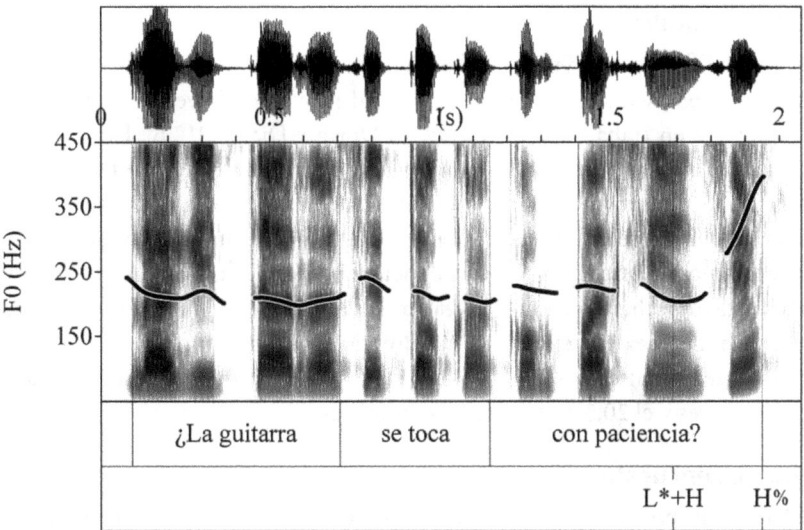

Figura 13: Curva real (sin resintetizar) del estímulo interrogativo de Bogotá.

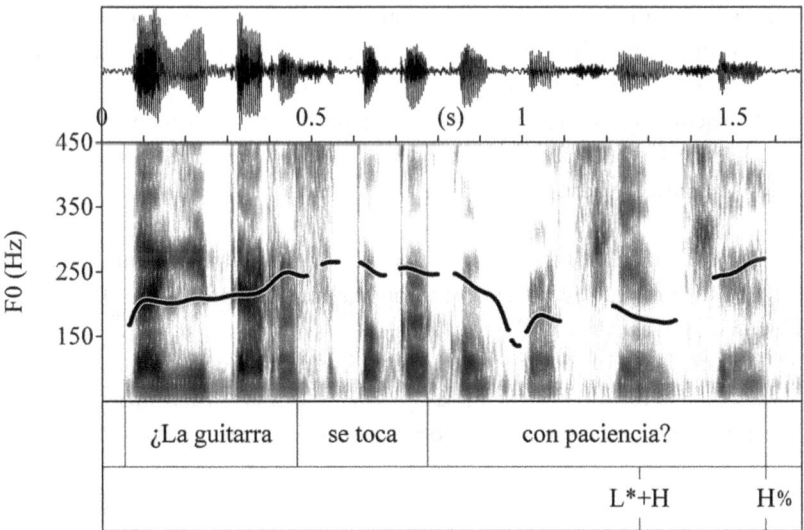

Figura 14: Curva real (sin resintetizar) del estímulo interrogativo de San Antonio de Texas.

2.3. Los auditores

Dada la dificultad para realizar el test en Venezuela por razones diversas, este se pasó a 63 jueces canarios, una variedad próxima a la venezolana, como se ha visto en trabajos anteriores (*v. gr.* Dorta y Díaz, 2018 b). Estos jueces son en su mayoría estudiantes de Filología de la Universidad de La Laguna (Tenerife), algunos profesores y varios estudiantes de otras carreras[93]. Para asegurar la representatividad de la muestra, seleccionamos los auditores teniendo en cuenta que su procedencia fuera canaria. Por ello, de las 63 encuestas desechamos cuatro (6,3 %) ya que, al tratarse de alumnado Erasmus, el origen del juez era extranjero. Finalmente, al no existir requisitos previos para la selección de los informantes, el 79,7 % de la muestra está formada por mujeres y el 20,3 % restante por hombres.

2.4. La encuesta

El test fue preparado con el programa TP Test, versión 3.1 de Worken (Rodrigues dos Santos et al., 2013). Nació en 2010, en un curso impartido por Andréia Rauber sobre *Elaboración de Experimentos de Habla*. En su versión actual, gratuita, permite la inserción de estímulos sonoros, vídeos e imágenes. Para investigar la percepción, el programa dispone de unos test de identificación y discriminación y, en el entrenamiento perceptivo, hay *feedback* automático, o sea, respuesta inmediata.

El test constó de dos preguntas que se pasaron en fases distintas. En cada una de estas fases los auditores oyeron 14 estímulos repetidos dos veces en orden aleatorio de manera que cada auditor escuchó 28 estímulos:

- 1.ª parte. Los auditores debían contestar a la pregunta siguiente: «¿El estímulo que escuchas corresponde a una declarativa o a una interrogativa?».
- 2.ª parte. Los auditores debían decidir si, respecto de su propia variedad de habla, el estímulo presentaba cercanía o lejanía: «¿Identificas el estímulo que escuchas como propio del canario o de otra variedad?».

---

[93] El grupo de estudiantes constituye un 66,7 % de los auditores (42) y el grupo más heterogéneo el 33,3 % (21).

El test fue presentado en un aula de informática con ordenadores y auriculares Sennheiser HD 407.

3. Resultados

En este apartado se muestran los resultados del test de percepción. En el primer apartado (3.1) se describen los correspondientes al reconocimiento de la modalidad oracional y, en el segundo (3.2), a la variedad.

3.1. Reconocimiento de la modalidad oracional

El reconocimiento de la modalidad oracional a partir de la pregunta «¿El estímulo que escuchas corresponde a una declarativa o a una interrogativa?» por parte de los auditores canarios se muestra en la tabla 3 y en las figuras 15 y 16.

Véase, en primer lugar, en la tabla 3, los porcentajes de acierto y error de los estímulos presentados en las encuestas para el reconocimiento de la modalidad por variedades.

Tabla 3: Reconocimiento de la modalidad oracional según la procedencia de los estímulos

		Reconocimiento de la modalidad oracional			
		Declarativas		Interrogativas	
Estímulos		Aciertos%	Errores%	Aciertos%	Errores%
VENEZUELA	Mérida	82,9	17,1	-	-
	Aragua	87,2	12,8	40,6	59,4
	Zulia	-	-	34,8	65,2
CANARIAS	Tenerife	85,8	14,2	85,1	14,9
	El Hierro	-	-	96,7	3,3
CUBA	La Habana	88,2	11,8	77,3	22,7
COLOMBIA	Medellín	84,4	15,6	17,0	83,0
	Bogotá	-	-	85,0	15,0
TEXAS	San Antonio	78,7	21,3	79,4	20,6

A la luz de los datos mostrados en la tabla anterior podemos considerar cada variedad por separado.

- **Venezuela:** si comparamos los índices de acierto de los estímulos, observamos que los obtenidos para los de las declarativas de Mérida (82,9 %) y Aragua (87,2 %) se aproximan a los del resto de variedades a pesar de que el de Mérida corresponde a un patrón circunflejo y el de Aragua a uno descendente. En cambio, en los estímulos interrogativos de Aragua y, más aún en los de Zulia, los errores (error de un 59,4 % y 65,2 %, respectivamente) superan claramente los aciertos. Ello puede explicarse teniendo en cuenta que el patrón interrogativo en esta última zona es descendente [!H+L* L%], no circunflejo como sucede en el habla de los auditores, ni ascendente como el del castellano o El Hierro que, como puede verse, es identificado fácilmente por ellos; el de Aragua, por su parte, es circunflejo pero recordemos que no tiene escalonamiento ascendente como sucede en Tenerife o La Habana [L+H* L%] por lo que esta característica pudo influir en que los auditores lo percibieran muchas veces estímulo como declarativo y no interrogativo. Del índice tan elevado de errores en los estímulos interrogativos venezolanos puede concluirse, por tanto, que la caída tonal que experimentan las interrogativas en estas dos zonas venezolanas se asocia con la modalidad declarativa y de ahí que los auditores contesten muchas veces que están ante estímulos de esta modalidad.
- **Canarias:** el reconocimiento de la modalidad de los estímulos canarios por parte de los auditores canarios es muy elevado: el porcentaje de acierto del estímulo declarativo de Tenerife es similar al de la interrogativa circunfleja (en torno al 85 %) por lo que se produce una baja identificación errónea (alrededor del 14 %); el de la interrogativa ascendente de El Hierro es todavía mayor, lo que reduce más aún el margen de error (3,3 %). Aunque las diferencias en el reconocimiento de los tres patrones son muy pequeñas, los resultados evidencian que, a pesar de que en Canarias el patrón interrogativo circunflejo es el más general, el auditor percibe como mejor índice interrogativo el ascenso final de El Hierro que el ascenso-descenso de Tenerife, lo que se puede explicar por la igualdad que presentan los patrones de las declarativas e interrogativas circunflejas en su final, esto es, el descenso.
- **Cuba:** el estímulo declarativo es reconocido en un porcentaje altísimo, incluso algo superior al de los canarios (88,2 %); el de la interrogativa circunfleja, aunque alto, es algo menor, pero próximo al que se obtuvo en el de Tenerife.

- **Colombia:** como sucede en El Hierro, una interrogativa ascendente como la presentada para Bogotá se reconoce en un porcentaje altísimo (85 %) y, por el contrario, una interrogativa circunfleja como la de Medellín sin escalonamiento ascendente, como hemos visto en Aragua [L+H* L%], ha sido reconocida ampliamente como declarativa por lo que el resultado de aciertos es extremadamente bajo (17 %). En cambio, la declarativa descendente de Medellín evidencia un alto índice de acierto (84,4 %) como sucede en las de otras zonas.
- **San Antonio de Texas:** obtienen un alto y similar nivel de reconocimiento en las dos modalidades (78 y 79 %). Teniendo en cuenta que las interrogativas son ascendentes en esta variedad, se confirma que el ascenso y el descenso final son índices inequívocos para identificar las interrogativas y las declarativas, respectivamente.

En definitiva, si comparamos el porcentaje medio de aciertos en los estímulos declarativos (figura 15) concluimos que se identifican correctamente con independencia de que estos presenten en su núcleo un descenso hasta el final (Tenerife, La Habana, Medellín y San Antonio) o un pequeño pico (Mérida). A pesar de que los auditores fueron canarios, el mejor reconocimiento es el de La Habana, seguida de Aragua, quedando Tenerife en tercer lugar y San Antonio en el último. No obstante, las diferencias entre las cinco zonas son muy pequeñas.

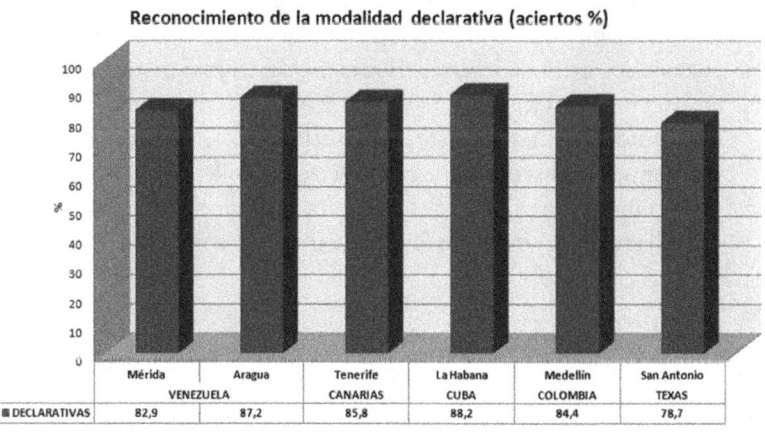

Figura 15: Porcentaje de aciertos por estímulo de cada variedad en el reconocimiento de la modalidad oracional declarativa.

En lo que respecta al reconocimiento de los estímulos interrogativos (figura 16) podemos concluir lo siguiente:

1.º) Los que proceden de interrogativas con final ascendente (El Hierro, Bogotá y San Antonio) son muy bien reconocidos y, aunque las diferencias son muy pequeñas entre las diferentes zonas, cabe destacar que el mejor reconocimiento se da en la variedad canaria de El Hierro (96,7 %), es decir, en la misma variedad de español de los auditores.
2.º) Los estímulos con final ascendente-descendente (circunflejo) o descendente tienen resultados muy dispares. Así, el circunflejo de Tenerife con escalonamiento ascendente del último pico es el mejor reconocido, con un 85,1 % de acierto medio (solo un 11,6 % menos que el estímulo ascendente registrado en El Hierro); con un porcentaje algo menor pero muy alto (77,3 %) se reconoce el estímulo de La Habana, que comparte con el de Tenerife el hecho de proceder de una interrogativa circunfleja con escalonamiento ascendente en su pico nuclear. Por el contrario, la entonación circunfleja de Aragua y, más aún la de Medellín, así como la descendente de Zulia obtienen porcentajes de reconocimiento muy bajos, por lo que mayoritariamente se identifican como declarativas. Como se ha dicho ya, las circunflejas de Aragua y de Medellín no tienen fonéticamente un pico escalonado como Tenerife y La Habana, con lo que el juez las interpreta erróneamente como declarativas en su mayoría. Con todo, si bien en Medellín el porcentaje de identificación errónea del estímulo interrogativo como declarativa es muy alto (83 %), en Aragua y Zulia es de 59,4 % y 65,2 %, respectivamente, por lo que estos porcentajes tampoco se acercan al índice de reconocimiento que se ha visto para los otros estímulos declarativos (entre 78-88 %); de ello se desprende que el juicio de los auditores vacila en estos casos entre la consideración del estímulo dentro de una u otra modalidad oracional.

3.2. Reconocimiento de la variedad

En la tabla 4 y las figuras 17 y 18, se puede ver el resultado por variedades obtenido a partir de la pregunta «¿Identificas el estímulo que escuchas como propio del canario o de otra variedad?».

RESULTADOS

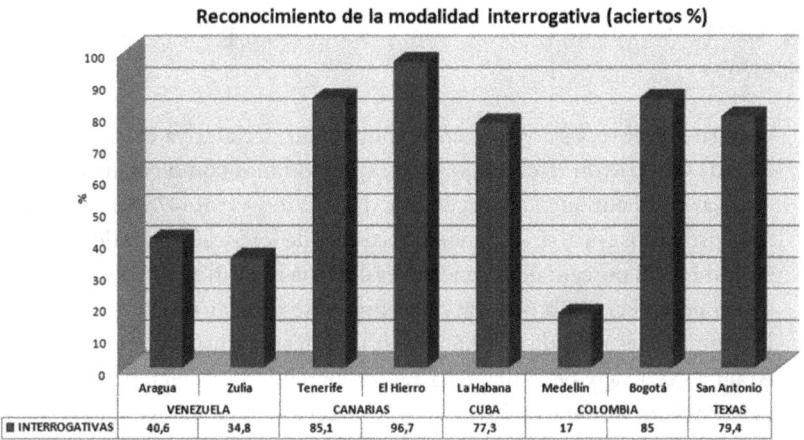

Figura 16: Porcentaje de aciertos por estímulo de cada variedad en el reconocimiento de la modalidad oracional interrogativa.

A continuación (tabla 4), figuran los porcentajes de acierto y error de los estímulos presentados en las encuestas para el reconocimiento de la variedad por zonas.

Tabla 4: Reconocimiento de la variedad según la procedencia de los estímulos

		Reconocimiento de la variedad			
		Declarativas		Interrogativas	
Estímulos		Aciertos%	Errores%	Aciertos%	Errores%
VENEZUELA	Mérida	47,9	52,1	-	-
	Aragua	60,6	39,4	55,3	44,7
	Zulia	-	-	65,5	34,5
CANARIAS	Tenerife	52,3	47,7	66,7	33,3
	El Hierro	-	-	52,9	47,1
CUBA	La Habana	48,5	51,5	30,3	69,7
COLOMBIA	Medellín	57,8	42,2	53,7	46,3
	Bogotá	-	-	50,9	49,1
TEXAS	San Antonio	61,3	38,7	58,6	41,4

Si tenemos en cuenta las variedades por separado, podemos observar lo siguiente:

- **Venezuela:** observamos que en la modalidad declarativa el estímulo de Mérida con patrón circunflejo es interpretado más como canario que de otra variedad aunque los porcentajes de acierto y error (47,9 % y 52,1 %), muy próximos entre sí, evidencian las dudas de los jueces; en el de Aragua, en cambio, el porcentaje de acierto, es decir, la identificación del estímulo como perteneciente a otra variedad diferente a la canaria, arroja uno de los porcentajes más altos (60,6 %). En las interrogativas, los estímulos de Aragua (55,3 %) y de Zulia (65,5 %) son percibidos correctamente como pertenecientes a otra variedad en un porcentaje relativamente alto comparado con el resto, sobre todo el de Zulia.
- **Canarias:** observamos que la declarativa de Tenerife (con descenso final como en el español general) tiene una media de aciertos de poco más de la mitad de los casos (52,3 %); este porcentaje es esperable si consideramos que la variedad canaria comparte el patrón descendente final con las demás variedades, por lo que se puede entender que el auditor no sea capaz de discriminar claramente la procedencia del estímulo. En cambio, en la percepción de los estímulos interrogativos se reconoce como más propio de la variedad canaria el circunflejo de Tenerife (66,7 %) que el ascendente de El Hierro (52,9 %) lo que también es previsible teniendo en cuenta que el primero, como se ha dicho, es el general de las interrogativas canarias y, por tanto, el más familiar para los auditores, mientras que el ascendente de El Hierro, al ser igual que el del español septentrional, se siente como más foráneo.
- **Cuba:** la media de errores obtenida en el interrogativo (69,7 %) evidencia que es identificado mayoritariamente como canario, puesto que solo se ha interpretado correctamente como perteneciente a otra variedad en un porcentaje muy bajo (30,3 %); en la otra modalidad, los porcentajes de acierto (el estímulo pertenece a otra variedad) y de error (el estímulo es canario) son muy similares, como sucede en el correspondiente de Tenerife.
- **Colombia:** los porcentajes de acierto rondan el 50 %, aunque el de las declarativas de Medellín es algo mejor reconocido que los de las interrogativas y, entre estas, es ligeramente mejor reconocida la interrogativa circunfleja de Medellín que la ascendente de Bogotá.

- **San Antonio de Texas:** los jueces perciben mayoritariamente que la variedad no es canaria en tanto que los aciertos (61,3 % y 58,6 %) superan siempre a los errores (38,7 % y 41,4 %).

En resumen, en la modalidad declarativa (figura 17) el reconocimiento de los estímulos como pertenecientes a otra modalidad distinta de la canaria ronda el 60 % en los de San Antonio, Aragua y Medellín; el estímulo de Tenerife está en torno al 50 %, lo cual quiere decir que en este caso los auditores canarios dudan en casi la mitad de los casos si corresponde a su propia variedad. Los estímulos que obtienen menos aciertos y, por tanto, se reconocen más como canarios son los de Mérida y La Habana.

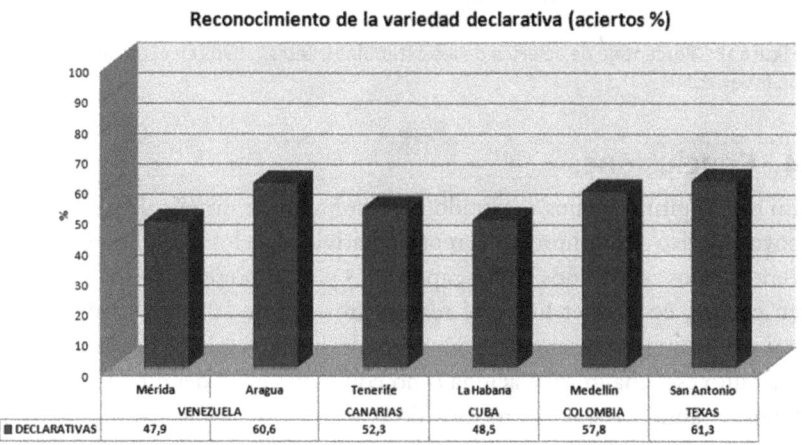

Figura 17: Porcentaje de aciertos de los estímulos declarativos en el reconocimiento de la variedad.

En lo que respecta a los estímulos interrogativos (figura 18), el índice de aciertos de Tenerife (66,7 %) indica que el estímulo circunflejo es muy bien reconocido como canario, algo más que el de El Hierro con final ascendente. Hay que destacar, además, que el bajo índice de aciertos de La Habana indica que el estímulo interrogativo, también circunflejo como el de Tenerife, es reconocido como canario incluso en un porcentaje algo mayor que el de Tenerife, pues el porcentaje de errores 69,7 % así lo denota. Las variedades que no son reconocidas como canarias por encima del 50 % son, de menor porcentaje de aciertos al mayor, Bogotá, Medellín, Aragua, San Antonio y Zulia.

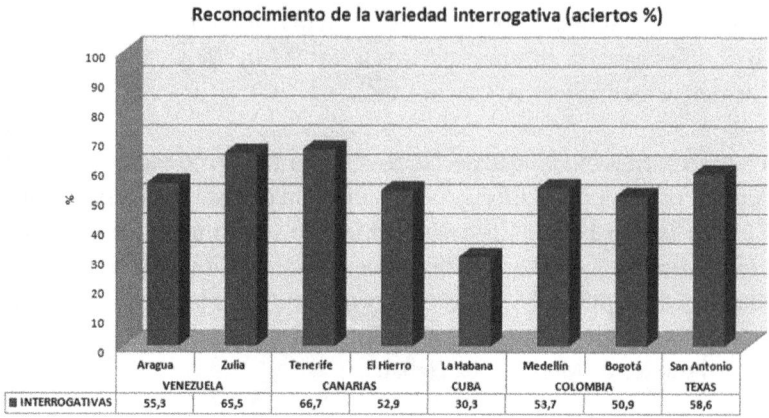

Figura 18: Porcentaje de aciertos de los estímulos interrogativos en el reconocimiento de la variedad.

4. Conclusiones

En este capítulo hemos mostrado los resultados de un test de percepción cuyo objetivo era comprobar la representatividad de los diferentes patrones venezolanos registrados en los capítulos 3 y 4 del presente libro, teniendo en cuenta, en primer lugar, el reconocimiento de la modalidad oracional del estímulo presentado y, en segundo lugar, si a juicio del auditor el estímulo escuchado se relaciona o no con la variedad del este, la canaria. Considerando los valores medios de aciertos, concluimos lo que sigue a continuación.

En relación con el reconocimiento de la modalidad, los resultados indican lo siguiente:

1.º) Los aciertos en los estímulos declarativos superan ampliamente los errores a pesar de que todos se caracterizan por el descenso final (/L* L%/), salvo el de la variedad venezolana de Mérida, cuyo patrón es circunflejo (/L+¡H* L%/).

   a) Son mejor reconocidos los patrones descendentes declarativos cubanos y venezolanos (de Aragua) que los de la propia variedad de habla (la tinerfeña).

CONCLUSIONES

    b) El resultado que obtiene el patrón venezolano circunflejo de Mérida es alto, pero algo menor que los anteriores, posiblemente por su diferente configuración nuclear.

    c) El estímulo menos reconocido, a pesar de tener configuración final descendente, fue el de la mujer bilingüe de San Antonio.

2.º) En cuanto al reconocimiento de la modalidad interrogativa, en general el mejor resultado lo obtiene la variedad canaria de El Hierro, seguida de Tenerife y Bogotá, San Antonio de Texas y La Habana y, en último lugar, Aragua, Zulia y Medellín. Teniendo en cuenta la tipología del núcleo final de los estímulos se concluye lo siguiente:

    a) Los finales ascendentes (/L*+H H%/) se reconocen siempre en porcentajes altísimos (entre 79-97 %). De mejor a peor reconocimiento tenemos El Hierro, Bogotá y San Antonio de Texas.

    b) De los estímulos con patrón circunflejo se reconocen mejor los que tienen escalonamiento ascendente ([L+¡H* L%]), esto es, el de Tenerife procedente de la propia variedad de habla del auditor (85,1 %) y después el de La Habana (77,3 %). Por tanto, teniendo en cuenta que las interrogativas circunflejas que no tienen fonéticamente escalonamiento ascendente del último pico ([L+H* L%]) tienen peores resultados (Aragua y Medellín), puede inferirse que el escalonamiento contribuye a que el auditor perciba los estímulos como más interrogativos.

    c) Los estímulos interrogativos con patrón descendente (⌊L* L%⌋), como el de Zulia, tienen un bajísimo reconocimiento, pues mayoritariamente se confunden con una declarativa (en un 65,2 %).

En relación con el reconocimiento de la variedad, podemos concluir lo siguiente:

1.º) La percepción de los estímulos declarativos como propios del canario o de otra variedad se sitúa en el rango porcentual del 47-61 %. Teniendo en cuenta que todos los estímulos proceden de declarativas con patrón descendente (excepto en Mérida), es explicable que el auditor dude en sus respuestas. No obstante, destacamos lo siguiente:

    a) Consideramos muy bueno el resultado del estímulo de Tenerife (52,3 %), pues indica que los auditores canarios discriminan bien, a pesar de lo dicho, los estímulos de su variedad.

b) Teniendo en cuenta los estímulos con menos aciertos en las otras variedades y, por tanto, aquellos que se reconocen como canarios mayoritariamente tenemos, por este orden: Mérida y La Habana (en torno 48 %). Por tanto, estas variedades se sienten más próximas a la canaria que el resto.

c) Las variedades que obtuvieron mayor porcentaje de aciertos de menor a mayor resultado fueron Medellín (en torno 57 %), seguida de Aragua (en torno 60 %) y San Antonio (en torno 61 %). Estas tres últimas variedades se reconocen, por tanto, más distantes de la canaria.

2.º) La correcta percepción de los estímulos interrogativos como propios del canario o de otra variedad se coloca en un rango de 30-70%. Al respecto destacamos:

a) El reconocimiento del estímulo circunflejo de Tenerife (66,7 %) y el ascendente de El Hierro (52,9 %) como pertenecientes a la variedad canaria es más alto que el obtenido en las declarativas; por tanto, los auditores canarios discriminan muy bien sus interrogativas aunque sienten como propias algo más las circunflejas que las ascendentes.

b) La variedad cubana de La Habana es percibida por los auditores como canaria, incluso más que la de Tenerife, pues en un 69,7 % se interpretó el estímulo circunflejo habanero como canario.

c) Comparados los resultados de Tenerife, El Hierro y La Habana con el resto, se concluye que los estímulos interrogativos de Bogotá, Medellín, Aragua, San Antonio y, sobre todo, Zulia se identifican más con otra variedad que con la canaria aunque en algunos casos como, por ejemplo, Bogotá, se duda en torno al 50 % sobre la procedencia del estímulo.

Estudio dialectométrico

1. Introducción

A partir de los años 70 del siglo XX, empieza a imperar en la dialectología la dialectometría, término acuñado por el dialectólogo tolosano Jean Séguy (Séguy, 1973). Esta disciplina utiliza los datos generados a través de los estudios dialectológicos y los atlas lingüísticos para, según Fernández Planas et al. (2011, p. 145), «[…] establecer agrupaciones entre la masa de datos empíricos obtenidos en las investigaciones que aporten una idea del conocimiento y la distribución en un espacio virtual de dichos datos». Hans Goebl (Goebl, 2010), uno de los autores más destacados de esta especialidad, explica que Séguy fue el autor del «Atlas linguistique et ethnographique de la Gascogne» (ALG) y que, ante la enorme variabilidad interna de los datos del atlas, este se sintió retado a buscar una posibilidad que, con métodos cuantitativos, le permitiera comprender de forma global esa variabilidad. Séguy se introdujo más de forma intuitiva que premeditada en el camino de la «taxonomía numérica», con cuya utilización ya se habían obtenido a principio de los años setenta del siglo pasado grandes éxitos en el análisis cuantitativo de masas de datos biológicos, económicos y psicológicos. Por tanto, siguiendo a Goebl (1981), la dialectometría se apoya tanto en la geografía lingüística como en las técnicas de taxonomía numérica.

Una ventaja de este tipo de análisis, tal como indican Fernández Planas et al. (2015), reside en la plasmación gráfica de los resultados, normalmente en forma de árbol invertido (dendrograma) pero, también, en un mapa virtual de distancias obtenidas a partir de escalamiento multidimensional (o a partir de otros procedimientos estadísticos), que permite una rápida asociación entre los elementos considerados a partir de su cercanía o su lejanía y posibilita condensar una gran cantidad de información cuantitativa en un espacio relativamente reducido.

El método dialectométrico se ha aplicado a diversas lenguas y variedades románicas para establecer relaciones en los diferentes niveles lingüísticos como, por ejemplo, el italiano (Bauer, 2003), el francés (Séguy, 1973; Verlinde, 1988; Goebl, 1987 y 2003), el gallego (Álvarez Blanco, Dubert y Sousa, 2006; Sousa, 2006; Saramago, 2002), el asturiano (D'Andrés, Álvarez-Balbuena y Suárez Fernández, 2007) o el catalán (Clua, 2004; Polanco, 1992). Se ha aplicado, además, a lenguas no romances como el holandés (Heeringa y Nerbonne, 2001), el inglés (Goebl y Schilyz, 1997), o el euskera (Aurrekoetxea, 1992).

En el marco de AMPER, desde hace años se ha intentado adaptar herramientas que posibiliten el estudio dialectométrico de los datos prosódicos derivados de variedades y lenguas románicas por considerar que se implica una metodología eficaz. Así, surge ProDis (Elvira García et al., 2018), una herramienta que, como veremos en el apartado 1 de este capítulo, fue creada para el estudio de los datos prosódicos del corpus fijo de AMPER.

En este contexto, el objetivo de este sexto capítulo es realizar un estudio dialectométrico de la entonación venezolana para representar los datos de las cinco áreas dialectales analizadas en este libro según sus relaciones de proximidad y distancia prosódica y poder comprobar de este modo la coherencia de los resultados obtenidos en el análisis acústico. En primer lugar, se describe cómo se ha realizado el análisis dialectométrico; en segundo lugar, los resultados obtenidos; por último, veremos las conclusiones.

2. El análisis dialectométrico

2.1. Los datos acústicos

Para el análisis dialectométrico se usaron los datos acústicos de la frecuencia fundamental (F0) procedentes del corpus *Experimental fijo o formal* descrito en el capítulo 2 (apartado 2) de este libro: se analizaron, por tanto, 4158 valores de F0 derivados del análisis de 378 oraciones emitidas por 7 informantes (5 mujeres y 2 hombres), procedentes de 5 puntos de encuesta: el estado Aragua (Maracay) para la región central, el estado Barinas (Barinas) para

Los Llanos, el estado Zulia (Maracaibo) para la región de Zulia, el estado Mérida (Mérida) para Los Andes y el estado Bolívar (Ciudad Bolívar) para la región Suroriental; como puede observarse, para que la representación por áreas dialectales fuese equilibrada en el estudio dialectométrico, se excluyó a la informante de Caracas porque pertenecía a la misma región de Venezuela que Aragua, esto es, la central.

Recordemos que el análisis con Matlab nos ofrece los datos en archivos de texto (.txt) que contienen los datos de F0 en Hz (datos de F0 absolutos) y St (datos de F0 relativos): estos últimos son los que sometimos al análisis dialectométrico.

2.2. El programa ProDis

El análisis dialectométrico se llevó a cabo con la herramienta ProDis v.2 diseñada por el Laboratorio de Fonética de Barcelona (Elvira García et al., 2018) exclusivamente para el estudio de los datos prosódicos del corpus fijo de AMPER. Esta herramienta es una versión mejorada de Calcu-Dista (Roseano, Elvira García y Fernández Planas, 2017), creada por el mismo grupo, que utiliza una serie de rutinas para calcular distancias prosódicas utilizando Praat, Excel y SPSS. Por tanto, siguiendo a los autores, Calcu-Dista no es propiamente una herramienta dialectométrica en la medida en que no es un software único, sino un conjunto de procedimientos (*ibid.*, p. 72): «It could be defined more exactly as a set of procedures, scripts and software [...]». ProDis (Fernández Planas et al., 2019) se inspira en Stat-Distances[94], creada en el seno de AMPER (Romano y Miotti, 2008;

---

[94] ProDis presenta algunas ventajas sobre Stat-Distances (Fernández Planas et al., 2019): 1) puede trabajar con semitonos y no solo con valores brutos de Hz para el parámetro de F0; 2) puede considerar repertorios de datos no coincidentes en el número de sílabas; 3) es capaz de comparar repertorios con diferente número de frases y diferente composición estructural, lo cual es interesante en muchas ocasiones, por ejemplo para que incluya en catalán las interrogativas absolutas encabezadas por la partícula átona «que» que no tienen equivalente en todas las lenguas románicas; 4) puede ponderar por duración, por intensidad o por ambos parámetros simultáneamente; 5) permite obtener matrices de distancias y de desviación estándar; 6) ofrece los resultados en forma de gráficos de correlaciones, dendrogramas, EMD y mapas geográficos; 7) proporciona la significación estadística de los resultados; 8) permite exportar sus resultados a Excel, SPSS o R; y 9) permite trabajar con más datos a la vez y también con más lenguas que Stat-Distances.

Rilliard y Lai, 2008; Romano et al., 2011), funciona en el entorno MatLab y calcula la media y la mediana de correlación (Pearson) de informantes y área de encuesta. A partir de estos datos, el programa hace un análisis de clúster y de matriz de correlaciones que permite clasificarlos en distintos grupos según su semejanza. Este análisis se llevó a cabo por separado en las oraciones declarativas (apartado 3.1), interrogativas (apartado 3.1) y conjuntamente (apartado 3.3).

3. Resultados

3.1. Declarativas

En el capítulo 3, dedicado al corpus formal, vimos que las declarativas registran en la parte final un patrón descendente (/L* L%/) en todas las zonas venezolanas, aunque encontramos una entonación circunfleja en el hombre y mujer de Mérida y en el hombre de Bolívar, cuyo pico nuclear no tiene relevancia perceptiva (/L+!H* L%/) en el primer informante, pero sí ocasionalmente en los dos últimos: en los agudos y llanos de la mujer de Mérida y llanos de Bolívar. En estos casos, esta última prominencia tiene una altura muy inferior a la del inicio del enunciado, por lo que la trayectoria del contorno es descendente.

El análisis por zonas de los datos nos permite observar la estructura de los conglomerados o clústeres de las declarativas de forma jerárquica en el dendrograma de la figura 1.

El análisis por zonas, ilustrado en el dendrograma de la figura anterior, establece dos grupos en una distancia no superior a 0,8: en un clúster, la zona central de Venezuela (Aragua) queda distanciada del resto de las zonas. Hay que recordar que, desde el punto de vista acústico, esta es la única zona que presentaba en el tercer acento tonal (verbo) un tono bajo (L*). En el segundo clúster, la región de Los Llanos (Barinas) presenta una distancia intergrupo superior al resto de las zonas pues se aparta del grupo mayoritario que aglutina la zona de Los Andes (Mérida) con la Suroriental (Bolívar) y la de Zulia (Zulia); a su vez, estas dos últimas zonas son las menos distantes entre sí en una distancia muy baja (entre 0 y 0.4). En los subagrupamientos parece que no está primando el patrón nuclear (descendente o circunflejo) de las

RESULTADOS

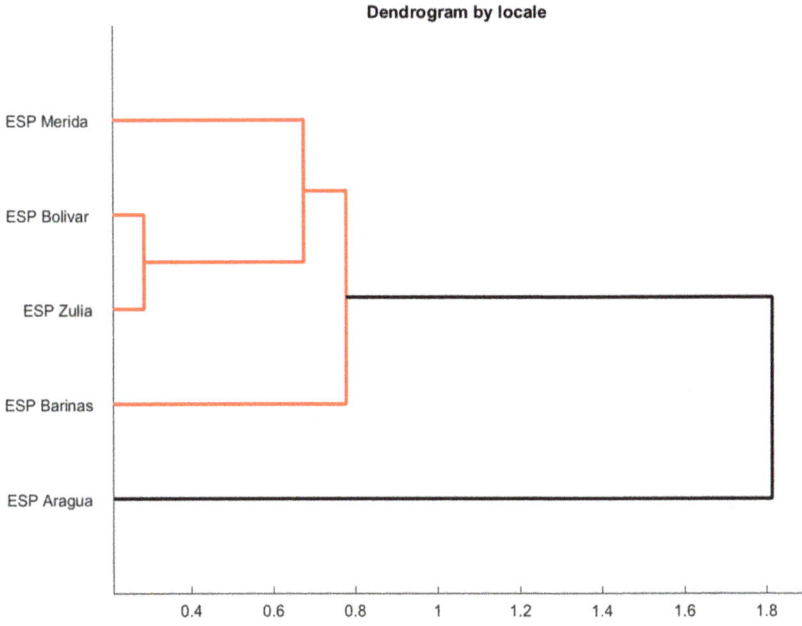

Figura 1: Dendrograma de las declarativas POR ZONAS (eje vertical) y valores de distancia en el eje horizontal obtenido en ProDis v.2.

curvas que, a fin de cuentas, conserva siempre una configuración descendente independientemente de su trayectoria final, sino otra información prosódica como puede ser, por ejemplo, el rango tonal.

A partir de la matriz de correlaciones de las declarativas, computamos un mapa que nos permite visualizar de manera gráfica, en la figura 2, la similitud (tonos amarillos) y la disimilitud (tonos rojos y rojos oscuros) entre zonas. El valor numérico de los índices de correlación, asociado a diferentes colores, se ofrece en una escala situada a la derecha de los mapas donde a partir de 0 los valores se mueven en el intervalo 1/-1: la correlación es más perfecta cuanto más se aproxima a 1 (tonos claros) y, por tanto, el grado de similitud entre los puntos contrastados es mayor; por el contrario, cuando más se aproxima a -1 (tonos oscuros) aumenta el índice de disimilitud.

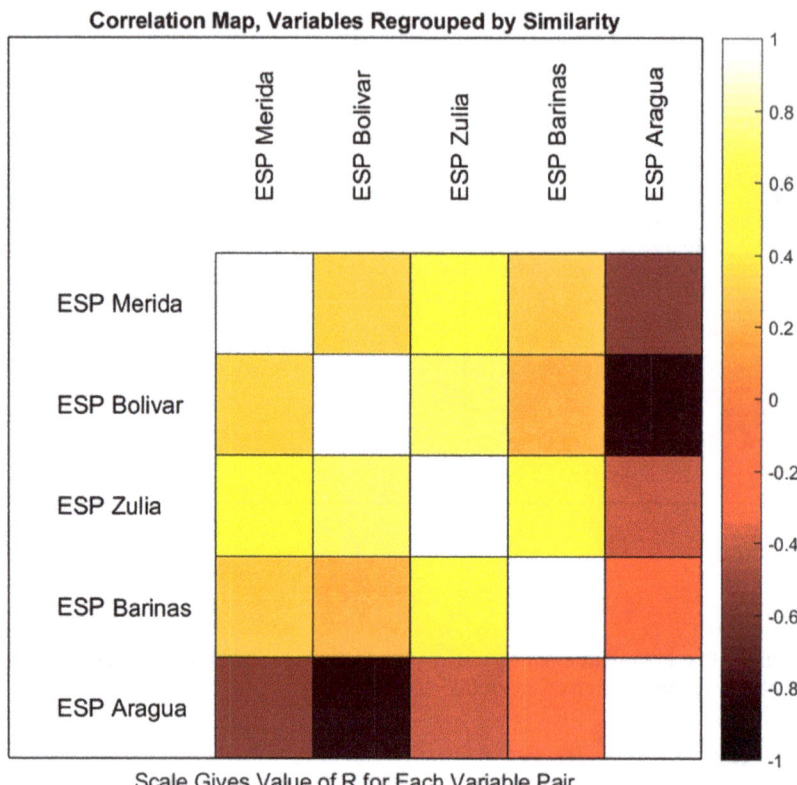

Figura 2: Mapa de correlaciones de las declarativas POR ZONAS obtenido en ProDis v.2.

De la figura anterior se desprende lo siguiente: 1) como es normal, cada zona contrastada consigo misma tiene el máximo de similitud (1); 2) se vuelve a ver que Aragua es la zona que más se distancia del resto, con índices de correlación por debajo de 0 llegando a los valores más bajos de la escala con Bolívar (-1); 3) las otras cuatro zonas presentan un grado de similitud intergrupo mayor que se mueve en la escala de positivos.

3.2. Interrogativas

Las interrogativas del corpus fijo se caracterizan por presentar diferentes patrones en la parte final:

- El descendente (/L* L%/) en los estados de Barinas y Zulia.
- El alto-descendente o circunflejo (/L+H* L%, puntualmente /H* L%/) en el estado de Aragua, el de Mérida y Bolívar.

El análisis por zonas de los datos de esta modalidad, ilustrado en el dendrograma de la figura 3, establece dos conglomerados: 1) el formado por la región de Los Llanos (Barinas) y la de Zulia (Zulia), en las que se registró el patrón descendente; 2) la zona central de Venezuela (Aragua), la zona de Los Andes (Mérida) y la Suroriental (Bolívar): si bien en este clúster aparecen todas las zonas en las que se utiliza el patrón circunflejo, las dos últimas presentan mayor cercanía prosódica.

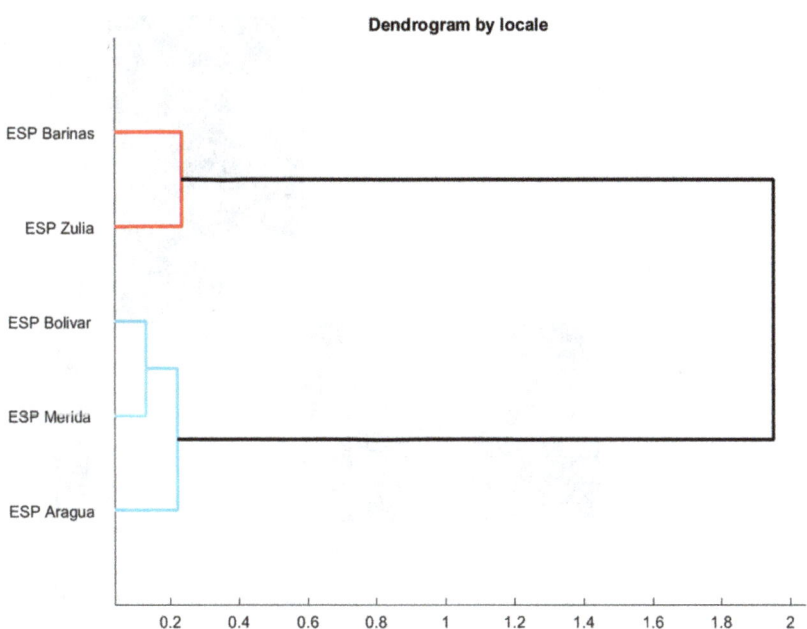

Figura 3: Dendrograma de las interrogativas POR ZONAS (eje vertical) y valores de distancia en el eje horizontal obtenido en ProDis v.2.

En las interrogativas, la matriz de correlaciones por zonas (figura 4) confirma que, sin considerar las zonas contrastadas consigo mismas, la proximidad es muy alta entre Aragua, Mérida y Bolívar, y entre Barinas y Zulia, puesto que presentan valores de correlación muy próximos a 1. Ahora bien, al contrastar las áreas de estos dos grupos, los índices de correlación llegan a ser los más bajos de la escala, esto es, próximos a -1.

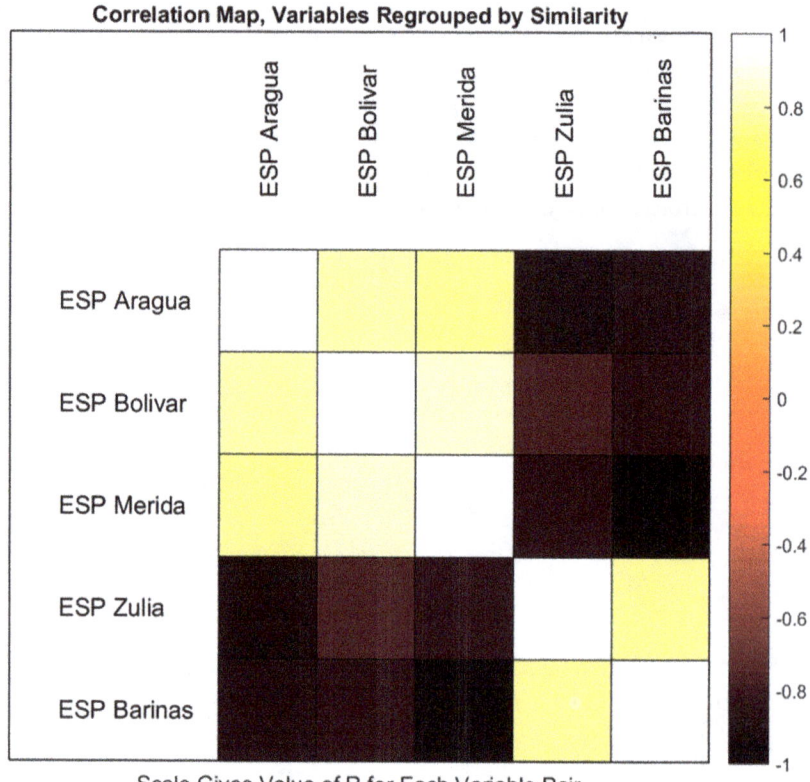

Figura 4: Mapa de correlaciones de las interrogativas POR ZONAS obtenido en ProDis v.2.

3.3. Declarativas vs. interrogativas

En la figura 5, que muestra el análisis de conglomerado de las dos modalidades conjuntamente por zonas, se puede ver que las oraciones interrogativas permiten una mejor relación de distancia o proximidad entre las áreas venezolanas que las declarativas. Así, se puede observar la formación de dos conglomerados diferenciados: uno que agrupa las zonas que presentaban patrón descendente (Barinas y Zulia); otro que aglutina las que tenían patrón alto-descendente o circunflejo (Aragua, Mérida y Bolívar).

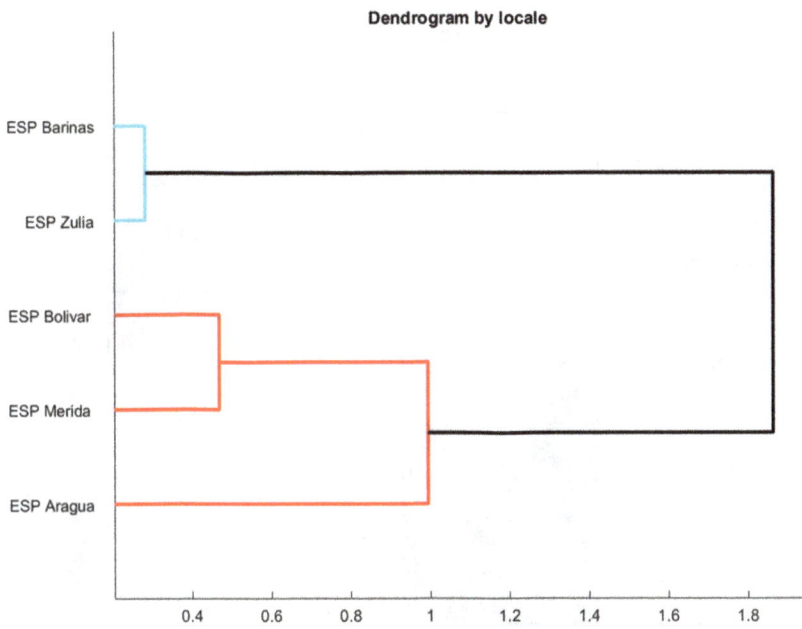

Figura 5: Dendrograma de declarativas vs. interrogativas por zonas (eje vertical) y valores de distancia (disimilaridad) en el eje horizontal.

Al analizar conjuntamente la F0 de declarativas e interrogativas, observamos en el mapa de correlaciones (figura 6) que si contrastamos las diferentes zonas, como vimos en el dendrograma anterior, la mayor similitud prosódica se da entre Barinas y Zulia, por un lado, y entre Aragua, Mérida y Bolívar, por otro: en este último grupo, el índice de correlación muestra más proximidad entre Bolívar y Mérida y menos con respecto a Aragua. El grado de similitud se mueve en la escala de negativos, en cambio, si comparamos las áreas que presentan el patrón descendente interrogativo con las que tienen el patrón circunflejo.

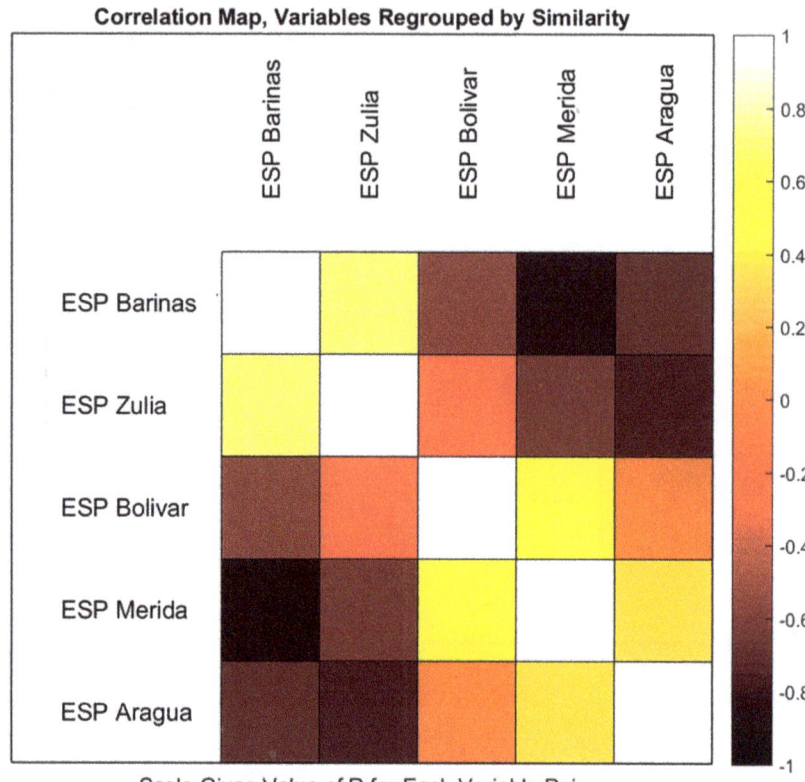

Figura 6: Mapa de correlaciones de las variables agrupadas por similitud en declarativas e interrogativas.

4. Conclusiones

En este capítulo hemos mostrado los resultados de un estudio dialectométrico de la entonación venezolana a partir del análisis de clúster y de la matriz de correlaciones por zonas. A la vista de los resultados obtenidos, podemos exponer las siguientes conclusiones:

- **Declarativas:** los datos acústicos analizados muestran que, si bien existen diferencias entre las diferentes zonas, en los subagrupamientos no es determinante el patrón nuclear final (descendente o circunflejo) de las curvas que, en todos los casos, conservan una trayectoria descendente.

Por consiguiente, pueden darse ciertos agrupamientos teniendo en cuenta otros aspectos de las curvas.

- **Interrogativas:** en esta modalidad los datos estudiados permiten hacer una clasificación en dos grupos distantes entre sí: 1) los estados de Barinas y Zulia, que tienen un contorno final descendente; 2) el estado de Aragua, el de Mérida y Bolívar, que presentan un patrón alto-descendente o circunflejo. Por tanto, el análisis dialectométrico evidencia que los patrones delimitados en el análisis acústico permiten la clasificación en grupos coherentes y que estos son los mejores índices para establecer las relaciones de proximidad y distancia prosódica entre las diferentes zonas. Esto se pone de manifiesto tanto en el análisis por separado de las interrogativas como en el conjunto de ambas modalidades.

Discusión y conclusiones generales

El español venezolano: una aproximación a su prosodia ha tenido como objetivo ofrecer una visión global de la investigación parcelada que se ha llevado a cabo en Venezuela en el marco del proyecto AMPER al que se vincula, bajo la denominación de AMPER-Venezuela, en la primera década del siglo XXI. A diferencia de los atlas tradicionales que venían imperando desde el siglo XIX, AMPER se relaciona con una nueva generación de atlas informatizados e interactivos que se difunden por internet.

1. En el capítulo 3, hemos descrito las características del corpus formal que es el que representará a AMPER en el atlas internacional. Atendiendo al núcleo entonativo de declarativas e interrogativas, los patrones resultantes (Dorta y Díaz, 2018 c) fueron los siguientes:
   · *Declarativas descendentes e interrogativas circunflejas:*
   Las declarativas e interrogativas quedan diferenciadas en las mujeres de Caracas, Aragua y Bolívar por el patrón descendente en las primeras (/L* L%/) y circunflejo en las segundas (/L+H* L%/ y, puntualmente, /H* L%/). Sosa (1999) había confirmado estos patrones con anterioridad para la variedad caraqueña.

   El contraste descenso vs. ascenso-descenso en declarativas e interrogativas, respectivamente, se da en otras variedades del español (v. gr. Díaz et al., 2020; Dorta y Díaz, 2018 a y b; Dorta et al., 2013 b; Dorta, Hernández y Martín Gómez, 2013; Jorge y Dorta, 2018; Sosa, 1999) como la de Canarias (salvo El Hierro), Cuba (La Habana, Santa Clara y Santiago de Cuba), Colombia (Medellín) o Puerto Rico (San Juan).

- *Declarativas e interrogativas circunflejas:*
Registramos una entonación circunfleja, tanto en declarativas como en interrogativas, en la mujer de Mérida y en los hombres de Mérida y Bolívar: si bien en interrogativas el valor del ascenso anterior al pico del núcleo entonativo es relevante perceptivamente (/L+H* L%/), en declarativas solo lo es (/L+¡H* L%/) en los acentos agudos y llanos de la mujer de Mérida y en los llanos del hombre de Bolívar en que, por tanto, consideramos que el pico se ha realizado; en el resto, en cambio, el etiquetaje marcaría un descenso durante el núcleo (/L* L%/). Villamizar (1998) recogió para el habla rural de Mérida tres patrones declarativos: 1) circunflejo, 2) descendente, 3) ascendente; nuestros resultados coinciden con los dos primeros.
- *Declarativas e interrogativas descendentes:*
Con independencia de la modalidad oracional y de la estructura acentual, las mujeres de Barinas y Zulia presentan una entonación descendente (/L* L%/). Siguiendo a Sosa (1999, p. 198), las interrogativas «mantienen una altura global más alta» que las declarativas, siendo esta la única característica que permite diferenciar la modalidad oracional en estas zonas.

A pesar que en Venezuela solo se ha recogido el patrón descendente interrogativo en dos puntos de encuesta, en Colombia (Muñetón y Dorta, 2018), país con el que comparte frontera terrestre, se ha obtenido en Medellín y Barranquilla (en voz masculina).

Chela Flores y Sosa (1999), aunque solo estudiaron las declarativas, advertían que el español hablado en Maracaibo es un ejemplo importante de diferenciación dialectal en lo entonativo. En todo caso, para las declarativas describen un patrón «no marcado», que se ajusta al del español general y que hemos registrado en Zulia, y uno «marcado», que tiene un comportamiento melódico marcado por la suspensión de la declinación y la falta de escalonamiento descendente presente en el patrón general entonativo del español. Señalan que este último patrón no es una tendencia general: no lo hemos hallado en nuestros resultados.

2. En los capítulos 4, 5 y 6, contrastamos el corpus formal con otro más espontáneo, realizamos una prueba perceptiva con él y lo sometimos a un estudio dialectométrico. A continuación, se ofrecen las principales

DISCUSIÓN Y CONCLUSIONES GENERALES

conclusiones: en primer lugar de cada estudio por separado (apartado a) y, en segundo lugar, relacionamos todos los aspectos según los patrones registrados (apartado b).

a. Según el tipo de estudio
Estudio contrastivo
Realizamos un estudio fonético-fonológico de oraciones con acento final llano de un corpus *Map Task*, emitido por mujeres y hombres sin estudios superiores procedentes de cuatro regiones venezolanas para validar las características del corpus formal: tres mujeres procedentes de Bolívar, Barinas y Aragua y dos hombres de Mérida y Bolívar. Los resultados obtenidos, nos permitieron extraer las siguientes conclusiones:

- *Patrón descendente en las declarativas y circunflejo en las interrogativas:* seleccionamos a las mujeres de Aragua y Bolívar. Este patrón se registraba, además, en la mujer de Caracas. En el corpus semiespontáneo se confirma la entonación descendente (/L* L%/) y circunfleja (/H* L%/) en declarativas e interrogativas, respectivamente.
- *Patrón circunflejo en las dos modalidades:* seleccionamos a los hombres de Mérida y Bolívar. Este patrón se registraba de forma más evidente en la mujer de Mérida. En el corpus espontáneo se observa que la configuración del pico nuclear de las declarativas es relevante perceptivamente (/H* L%/ o /L+H* L%/) y que el movimiento circunflejo puede abarcar toda la frase. Teniendo en cuenta que no siempre hay un primer pico como en el corpus formal para que se dé el escalonamiento descendente (/L+¡H*/) que marcaba la diferencia con las interrogativas, las modalidades contrastan con otras evidencias fonéticas como la altura del pico nuclear, más elevado en interrogativas. Méndez Seijas (2010, p. 159), siguiendo a Vanrell (2006), señala para la variedad de Mérida que el campo tonal es mucho mayor y la tesitura ligeramente más alta en las frases interrogativas absolutas que en las declarativas neutras, esto es, una variación de *scaling*. En términos teóricos, considera que podría ser problemático si tratáramos de hacer notaciones tonales de esta variedad con el modelo AM, ya que no parece haber aún una manera clara de marcar distinciones fonológicas en frases cuya única diferencia sea de *scaling*.

- *Patrón descendente en las dos modalidades:* se registró en las mujeres de Zulia y Barinas; seleccionamos a esta última. Este patrón descendente interrogativo se da en la mujer de Barinas en el corpus *Map Task* aunque alterna con el circunflejo. Como veíamos en el corpus formal, la mayor altura tonal de las interrogativas frente a las declarativas es un rasgo que permite diferenciar las dos modalidades.

Estudio perceptivo
Comprobamos la representatividad de los patrones entonativos del corpus formal de declarativas e interrogativas de Aragua (descendente en declarativas y circunflejo en interrogativas), Mérida (circunflejo en las dos modalidades) y Zulia (descendente en las dos modalidades), a partir dela realización de un test de percepción, elaborado con estímulos resintetizados de otras variedades cubanas (La Habana), colombianas (Medellín y Bogotá), texanas (San Antonio) y canarias (Tenerife y El Hierro), dirigido a 63 jueces de una variedad próxima a la venezolana, esto es, la canaria. El test constó de dos partes:

1) *Reconocimiento de la modalidad oracional del estímulo presentado:* los aciertos en los estímulos declarativos superan ampliamente los errores a pesar de que todos se caracterizan por el descenso final (/L* L%/), salvo el de la variedad venezolana de Mérida, cuyo patrón es circunflejo (/L+!H* L%/). Los resultados para la declarativa de Mérida se ajustan con los de un estudio perceptivo anterior (Mora et al., 2008 b) en el que se indagaba sobre la función ilocutiva con jueces venezolanos. En relación con las interrogativas, desde el punto de vista perceptivo un final ascendente ([L*+H H%], El Hierro, Bogotá y San Antonio de Texas) o circunflejo con escalonamiento ascendente en su pico nuclear ([L+¡H* L%], Tenerife y La Habana) se asocia con esta modalidad; sin embargo, a medida que el núcleo entonativo pierde el relieve, es decir, presente un segundo pico al mismo nivel que el primero ([L+H* L%], Aragua y Medellín) o un descenso final ([L* L%], Zulia), la melodía tiende a percibirse mayoritariamente como declarativa.
2) *El estímulo escuchado se relaciona o no con la variedad canaria:* si tenemos en cuenta los estímulos reconocidos como canarios, esto es, considerar los porcentajes de acierto elevados en las zonas canarias y los bajos en el resto de variedades, los resultados señalan en declarativas

a Tenerife, Mérida y La Habana, pero, en interrogativas, se siente más próxima a la variedad canaria la de La Habana, junto con las de Tenerife y El Hierro.

Estudio dialectométrico
Se realizó un estudio dialectométrico de la entonación venezolana con el programa ProDis v.2 para representar los datos de las cinco áreas dialectales analizadas en el corpus formal según sus relaciones de proximidad y distancia prosódica y poder comprobar así la coherencia de los resultados obtenidos en el análisis acústico. A partir de los datos de F0 relativos —en St—, el programa hace —en cada modalidad por separado y en conjunto— un análisis de clúster y de matriz de correlaciones que permite clasificarlos, como veremos a continuación, en distintos grupos según su semejanza.

- *Declarativas:* los resultados muestran que en los subagrupamientos no es determinante la configuración final descendente o circunfleja, sino otra información acústica.
- *Interrogativas:* surgen dos grupos distantes: 1) los que tienen un patrón final descendente: Barinas y Zulia; 2) los que presentan un patrón circunflejo: Aragua, Mérida y Bolívar. Estos grupos son los mejores índices para establecer las relaciones de proximidad y distancia prosódica entre las áreas venezolanas en tanto se pone de manifiesto en el análisis por separado de las interrogativas y en el conjunto de ambas modalidades.

En un estudio precedente (Dorta et al., 2018) en el que participaban las mismas zonas venezolanas en un grupo de 37 informantes procedentes de Canarias, Colombia, Cuba y Texas, se concluye que este tipo de análisis pone de manifiesto la importancia del patrón entonativo final para establecer las relaciones de proximidad y distancia entre las zonas e informantes analizados, puesto que delimita los mismos patrones interrogativos que en el análisis acústico (alto-descendente o circunflejo, descendente y ascendente).

b Según el patrón registrado
Zonas con declarativas descendentes e interrogativas circunflejas: mujeres de Caracas, Aragua y Bolívar. Se confirman los patrones entonativos en el

corpus espontáneo de Aragua y Bolívar. En el estudio perceptivo, el patrón declarativo de Aragua es bien reconocido, pero, en cambio, el interrogativo circunflejo, al carecer de escalonamiento ascendente, se percibe mayoritariamente como declarativo. Según los jueces canarios, los estímulos de Aragua no tienen afinidad con su variedad. En el estudio dialectométrico de Aragua y Bolívar, la primera es separada en declarativas del resto de zonas en un clúster: teniendo en cuenta que tiene el patrón descendente más general en Venezuela, puede que esté primando otro tipo de información acústica diferente a la configuración nuclear. Al atender a la matriz de correlaciones, Aragua es la zona que más se distancia del resto, sobre todo de Bolívar. En interrogativas, las dos zonas son agrupadas con aquellas que presentan un patrón circunflejo.

Zonas con declarativas e interrogativas circunflejas: mujer de Mérida y hombres de Mérida y Bolívar. El corpus más espontáneo de los hombres de Mérida y Bolívar evidencia que la configuración del pico nuclear de las declarativas, por el contrario al corpus formal, es relevante perceptivamente y que se diferencia de la otra modalidad oracional por la menor altura tonal. Pese a la diferente configuración nuclear de las declarativas, el estímulo de Mérida es bien reconocido y, según los auditores canarios, es de los que presenta más afinidad con su variedad. Tanto el análisis de clúster como el de matriz de correlaciones de los informantes con patrón circunflejo declarativo pone de manifiesto que la configuración final no es determinante en los subagrupamientos, ya que en el agrupamiento figuran, además, los patrones descendentes con los que según el programa mantiene un grado de similitud más elevado. Las interrogativas tienen el mismo comportamiento que las zonas que registran configuración circunfleja.

Zonas con declarativas e interrogativas descendentes: mujeres de Barinas y Zulia. Este patrón descendente interrogativo se da en la mujer de Barinas en el corpus semiespontáneo, pero alternando con el circunflejo: en todo caso, como se vio para el corpus formal, se diferencia de la otra modalidad en la mayor altura tonal. No obstante, de la percepción del estímulo interrogativo de Zulia puede concluirse que la caída tonal que experimenta se asocia con la modalidad declarativa y que es el más ajeno a la variedad canaria. Del análisis dialectométrico se desprende que las declarativas de Barinas y Zulia no presentan lejanía del resto de zonas por el patrón nuclear, pero sí las interrogativas descendentes que quedan aisladas en un conglomerado y presentan los valores de correlación más bajos al contrastar estas zonas con las que tienen patrón circunflejo.

En trabajos futuros, habrá que realizar estudios más amplios que permitan concretar más la entonación venezolana, con un mayor número de informantes en los puntos de encuesta descritos, estudiando nuevas zonas en cada una de las cinco regiones propuestas por Mora (1996 y 1997) e incrementando el tamaño del corpus con aquellos que son más espontáneos.

Referencias bibliográficas

Alvarado, L. (1929). *Glosario del bajo español de Venezuela, Obras completas de Lisandro Alvarado*. Tomo I. La Casa de Bello.

Álvarez Blanco, R., Dubert, F., y Sousa, X. (2006). Aplicación da análise dialectométrica aos datos do Atlas Lingüístico Galego. En R. Álvarez, F. Dubert y X. Sousa (Eds.), *Lingua e territorio. Santiago de Compostela: Consello da Cultura Galega* (pp. 461–493). Instituto da Lingua Galega.

Anderson, A. H., Bader, M., Bard, E. G., Boyle, E., Doherty, G., Garrod, S., Isard, S, Kowtko, J., McAllister, J., Miller, J., Sotillo, C., Thompson, H. S., y Weinert, R. (1991). The HCRC Map Task Corpus. *Language and Speech*, 4(4), 351–366.

Aurrekoetxea, G. (1992). Nafarroako euskara: azterketa dialektometrikoa. *Uztaro*, (5), 59–109.

Bauer, R. (2003). Sguardo dialettometrico apoyo alcune zone di transizione dell'Italia norte-orientale (lombardo vs. Trentino vs. Veneto). Parallel X. Sguardi reciprocidad. Vicende linguistiche e cultural dell'area italofona e germanófona. En R. Bombi y F. Fusco (Eds.), *Atti del Decimo Incontro italo-austriaco dei lingüista* (pp. 93–119). Forum Editrice

Beckman, M., Díaz Campos, M., McGory, J., y Terrell, A. (2002). Intonation across Spanish in the Tones and Break Indices framework. *Probus*, (14), 9–36.

Boersma, P., & Weenink, D. (2019): *Praat: doing phonetics by computer [Computer program]*. Versión 6.0.50. https://www.praat.org

Bondarenko, N. (2010) Lenguas minoritarias de Venezuela: consideraciones desde la perspectiva ecolingüística. *Revista de Filología y Lingüística de la Universidad de Costa Rica*, 36(1), 175–189.

Brezmes Alonso, D. (2007). *Desarrollo de una aplicación software para el análisis de características fundamentales de la voz*. [Proyecto de fin de carrera]. Universidad de Oviedo.

Castro, T., y Malaver Arguinzones, I. (2016). División dialectal del español venezolano: estudio dialectológico perceptivo. *Dialectologia*, (16), 19–43.

Chela-Flores, B. (1994). Entonación dialectal del enunciado declarativo de una región de Venezuela. *Estudios Filológicos*, (29), 63–72.

Chela-Flores, B., y Sosa, J. (1999). La representación subyacente de la entonación dialectal del maracucho. *Oralia: Análisis Del Discurso Oral*, (2), 71–86.

Clua, E. (2004). El método dialectomètric: aplicación del análisis multivariante a la clasificación de las variedades del catalán. En M. P. Perea (Ed.), *Dialectología y recursos informáticos* (pp. 59–88). Universitat de Barcelona.

CNE (Consejo Nacional Electoral). http://www.cne.gob.ve/web/index.php

Contini, M. (1992). Vers une géoprosodie romane. En *Actas del Nazioarteko Dialektologia Biltzarra Agiriak* (pp. 83–109). Real Academia de la Lengua Vasca.

Contini, M. (2005). 2e Séminaire international du projet AMPER. *Géolinguistique–Hors*, (3), I–XI.

D'Aandrés Díaz, R., Álvarez-Balbuena García, F., y Suárez Fernández, X. M. (2007). Proxecto ETLEN para o estudio dialectográfico e dialectométrico da zona Eo-Navia, Asturias: fundamentos teóricos. En H. González y M. Xesús Lama (Eds.), *Actas VII Congreso Internacional de Estudos Galegos: mulleres en Galicia: Galicia e os outros pobas da península* (pp. 749–759. Ediciós do Castro.

Díaz, I. C. (2023). Prominencia melódica en la entonación descendente de interrogativas y declarativas de Zulia (Venezuela). *Loquens*, 10 (1–2), 101. https://doi.org/10.3989/loquens.2023.e101

Díaz, I. C. y Dorta, J. (2018 a). La entonación de la zona centro-norte de Venezuela a partir del contraste entre distintos corpus. *Revista Lingüística Española Actual* (LEA), 40 (2), 251–274.

Díaz, I. C. y Dorta, J. (2018 b). La entonación de Venezuela. En J. Dorta (Ed.), *La entonación declarativa e interrogativa en cinco zonas fronterizas del español: Canarias, Cuba, Venezuela, Colombia y San Antonio de Texas* (pp. 131–158). Peter Lang Editions, Studien zur Romanischen Sprachwissenschaft und Interkulturellen Kommunikation, Herausgegeben von Gerd Wotjak.

Díaz, I. C. y Jorge, C. (2019). La influencia del corpus de habla en la entonación de la región suroriental venezolana. En J. Dorta (Ed.), *Investigación geoprosódica. AMPER: análisis y retos* (pp. 103–119). Iberoamericana/Vervuert. Col. Lingüística Iberoamericana, 77.

Díaz, I. C., Muñetón, M., y Dorta, J. (2017). Estudio comparativo de la entonación en habla formal femenina de Caracas y Bogotá. *Revista internacional de lingüística iberoamericana*, 29, 237–256.

Díaz, I. C., Dorta, J., Mora, E., y Muñetón, M. (2020). Intonation across two border areas in the North Andean region: Mérida (Venezuela) and Medellin (Colombia). *Spanish in Context*, 16(Issue 3), 329–352. https://doi.org/10.1075/sic.00042.dia

Dorta, J. (Ed.). (2018). *La entonación declarativa e interrogativa en cinco zonas fronterizas del español: Canarias, Cuba, Venezuela, Colombia y San Antonio de Texas*. Peter Lang Editions, Studien zur Romanischen Sprachwissenschaft und Interkulturellen Kommunikation, Herausgegeben von Gerd Wotjak.

Dorta, J., y Díaz, I. C. (2018 a). Fonética y fonología de los movimientos melódicos en habla rural de Cuba y Venezuela. *Revista de Filología Hispánica*, 34(2), 665–689.

Dorta, J., y Díaz, I. C. (2018 b). Proximidad y distancia prosódica desde el punto de vista acústico entre Canarias y Venezuela. *Dialectologia*, (21), 37–60.

Dorta, J., y Díaz, I. C. (2018 c). El análisis de la F0 y el etiquetaje prosódico en el marco del Sp_ToBi. En J. Dorta (Ed.), *La entonación declarativa e interrogativa en cinco zonas fronterizas del español: Canarias, Cuba, Venezuela, Colombia y San Antonio de Texas* (pp. 71–84). Peter Lang Editions, Studien zur Romanischen Sprachwissenschaft und Interkulturellen Kommunikation, Herausgegeben von Gerd Wotjak.

Dorta, J., y Díaz, I. C. (2021). Caracterización de la entonación venezolana a partir de un corpus obtenido con Map task. *Boletín de Filología*, 56(1), 329–354.

Dorta, J., Díaz, I. C. y Hernández, B. (2018). Reconocimiento perceptivo de las variedades del español. En J. Dorta (Ed.), *La entonación declarativa e interrogativa en cinco zonas fronterizas del español: Canarias, Cuba, Venezuela, Colombia y San Antonio de Texas* (pp. 231–250). Peter Lang Editions, Studien zur Romanischen Sprachwissenschaft und Interkulturellen Kommunikation, Herausgegeben von Gerd Wotjak.

Dorta, J., Díaz, I. C., Hernández, B., Jorge Trujillo, C., y Martín Gómez, J. A. (2013 a). El marco de la investigación: aspectos metodológicos. En J. Dorta (ed.), *Estudio comparativo preliminar de la entonación de Canarias, Cuba y Venezuela* (pp. 53–86). La Página ediciones S/L, Colección Universidad.

Dorta, J., Díaz, I. C., Mora, E.; Jorge Trujillo, C. y Rojas N. (2013 b). La frecuencia fundamental (F0). En J. Dorta (ed.), *Estudio comparativo preliminar de la entonación de Canarias, Cuba y Venezuela* (pp. 171–216). La Página ediciones S/L, Colección Universidad.

Dorta, J., Hernández, B., y Martín Gómez, J.A. (2013) Comparación de la entonación canario-cubana. En J. Dorta (Ed.), *Estudio comparativo preliminar de la entonación de Canarias, Cuba y Venezuela* (pp. 87–170). La Página ediciones S/L, Colección Universidad.

Dorta Luis, J., Martín Gómez, J. A, Amparo Muñetón Ayala, M., y Betancort Montesinos, M. (2018). *Estudio dialectométrico de las variedades del español* En J. Dorta (Ed.), *La entonación declarativa e interrogativa en cinco zonas fronterizas del español: Canarias, Cuba, Venezuela, Colombia y San Antonio de Texas* (pp. 251–266). Peter Lang Editions, Studien zur Romanischen Sprachwissenschaft und Interkulturellen Kommunikation, Herausgegeben von Gerd Wotjak.

Elvira García, W. (2017). *Create pictures with tiers v.4.4. Praat script.* https://github.com/wendyelviragarcia/create_pictures

Elvira García, W., Balocco, S., Roseano, P., y Fernández-Planas, A. M. (2018). ProDis:A dialectometric tool for acoustic prosodic data. *Speech Communication*, 97, 9–18.

Estebas Vilaplana, E., y Prieto, P. (2008). La notación prosódica del español: una revisión del Sp_ToBI. *Estudios de Fonética Experimental*, (17), 264–283. https://www.raco.cat/index.php/EFE/article/view/140072/216439

Estebas Vilaplana, E., y Prieto, P. (2010). Castilian Spanish Intonation. En P. Prieto y P. Roseano (Eds.), *Transcription of intonation of the Spanish language* (pp. 17–48). Lincom Europa.

Fernández Planas, A. M. (2005). Aspectos generales acerca del proyecto internacional "AMPER" en España. *Estudios de Fonética Experimental*, (14), 327–353. http://www.raco.cat/index.php/EFE/article/view/140022

Fernández Planas, A. M., Dorta, J., Roseano, P., Díaz, I. C., Elvira-García, W., Giménez, J., y Martínez Celdrán, E. (2015). Distancia y proximidad prosódica entre algunas variedades del español: un estudio dialectométrico a partir de datos acústicos. *Revista de Lingüística Teórica y Aplicada, 53*(2), 13–45. http://doi.org/10.4067/S0718-48832015000200002

Fernández Planas, A. M., Elvira García, W., Roseano, P., y Balocco, S. (2019). Análisis dialectométrico con ProDis: Un paso más en los estudios prosódicos de AMPER. En J. Dorta (ed.), *Investigación geoprosódica. Amper: análisis y retos* (pp. 119–135). Iberoamericana Vervuert.

Fernández Planas, A. M., y Martínez Celdrán, E. (2003). El tono fundamental y la duración: dos aspectos de la taxonomía prosódica en dos modalidades de habla (enunciativa e interrogativa) del español. *Estudios de Fonética Experimental*, (12), 166–200. http://www.raco.cat/index.php/EFE/article/view/140007

Fernández Planas, A. M., Roseano, P, Martínez Celdrán, E., y Romera Barrios, L. (2011). Aproximación al análisis dialectométrico de la entonación en algunos puntos del dominio lingüístico catalán. *Estudios de Fonética Experimental*, (20), 141–178. https://raco.cat/index.php/EFE/article/view/252358/338746

Frago Gracia, J.A. (2006). Apuntes para la historia del español de Venezuela. En M. Sedano, A. Bolívar y M. Shiro (Coords.), *Haciendo lingüística: homenaje a Paola Bentivoglio*, (pp. 765–778). Comisión de Estudios de Postgrado-Facultad de Humanidades y Educación de La Universidad Central de Venezuela.

García Mouton, P. (1996). Dialectología y geografía lingüística. En M. Alvar (Dir.), *Manual de dialectología hispánica. El español de España*, (pp. 63–77). Ariel.

Goebl, H. (1981). Eléments d'analyse dialectométrique (avec application à l'AIS). *Revue de Linguistique Romane*, (45), 349–420.

Goebl, H. (1987). Encore un golpe de oeil dialectométrique sur las Tableaux phonétiques diciembre patois suizos permanecer (TPPSR). Deux analyses interponctuelles: parquet polygonal te Treilles triangulaire. *Vox románica*, 46, 91–125.

Goebl, H. (2003). Regards dialectométriques sur les données de l'Atlas linguistique de la France (ALF): relations quantitatives et structures de profondeur. *Estudis Romànics*, 25, 59–120.

Goebl, H. (2010). Introducción a los problemas y métodos según los principios de la Escuela Dialectométrica del Salzburgo (con ejemplos sacados del "Atlante italo-Svizzero" AIS). En G. Aurrekoetxea y J. L. Ormaetxea (Eds.), *Tools for linguistic variation* (pp. 3–39). Anejos del Seminario de Filología Vasca Julio Urquijo LIII.

Goebl, H., y Schiltz, G. (1997). Dialectometrical compilation of CLAE 1 and CLAE 2. Isoglosses and dialect integration. En W. Viereck, H. Ramisch, H. Händler y Ch. Marx (Eds.), *The computer developed linguistic Atlas of England* (pp. 13–21), 2. Niemeyer.

González Cruz, F. J. (2009). La regionalización en Venezuela. Conceptualización de la Región. Impacto político sobre el federalismo y las autonomías provinciales. *Provincia*, (22), 67–85.

Gutiérrez, J., y Colina, H. (2013). Estudios regionales para el crecimiento económico de Venezuela. *Revista Venezolana de Investigación Estudiantil*, REDIELUZ, 3(1), 66–75.

Heeringa, W., y Nerbonne, J. (2001). Dialect Areas and Dialect Continua. En D. Sankoff, W. Labov y A. Kroch (Eds.), *Language Variation and Change* (pp. 375–400), 13. Cambridge University Press.

Henríquez Ureña, P. (1921). Observaciones sobre el español de América. *Revista de Filología Española*, 8, 357–390.

Hernández González, M. (2008). *Los Canarios en la Venezuela Colonial (1670–1810)*. Bid & co. Editor-Gobierno de Canarias.

Hualde, J. I. (2003). El modelo métrico y autosegmental. En P. Prieto (Ed.), *Teorías de la entonación* (pp. 155–184). Ariel Lingüística.

Hualde, J. I. & Prieto, P. (2015). Intonational Variation in Spanish: European and American varieties. En S. Frota & P. Prieto (Eds.), *Intonational Variation in Romance* (pp. 350–391). Oxford University Press.

Jorge, C., y Dorta, J. (2018). Comparación de la entonación de las variedades del español: acentos tonales, variantes y tonos de frontera. En J. Dorta (Ed.), *La entonación declarativa e interrogativa en cinco zonas fronterizas del español: Canarias, Cuba, Venezuela, Colombia y San Antonio de Texas* (pp. 209–213). Peter Lang Editions, Studien zur Romanischen Sprachwissenschaft und Interkulturellen Kommunikation, Herausgegeben von Gerd Wotjak.

López Morales, H. (1998). *La aventura del español en América*. Espasa.

López, M., Muñiz, C., Díaz, L., Corral, N., Brezmes, D., y Alvarellos, M. (2007). Análisis y representación de la entonación. Replanteamiento metodológico en el marco del proyecto AMPER. En J. Dorta (Ed.), *La prosodia en el ámbito lingüístico románico* (pp. 17–34). La Página ediciones S/L, Colección Universidad.

Lo Ponte Pérez, C. (2016). *Análisis de la variación del español en Venezuela a través de video y grabaciones*. [Tesis doctoral]. Università degli Studi di Padova.

Malaver Arguinzone, I. (2023). El español en Venezuela. En F. Moreno Fernández y R. Caravedo (Coords.), *Dialectología hispánica: The Routledge Handbook of Spanish Dialectology* (pp. 394-405). Routledge Reino Unido.

Martínez Celdrán, E., Fernández Planas, A. M., Romera Barrios, L., y Roseano, P. (Coords.). (2003-2020). *Atlas Multimèdia de la Prosòdia de l'Espai Romànic.* http://stel.ub.edu/labfon/amper/cast/index_ampercat.html

Mosonyi, E. E. (Dir.). (1971). *El habla de Caracas: Estudio lingüístico sobre el español hablado en la capital venezolana.* Universidad Central de Venezuela.

Méndez Seijas, J. (2010). Interacción de los parámetros acústicos duración y frecuencia fundamental en frases declarativas neutras e interrogativas absolutas de Los Andes venezolanos. *Estudios de Fonética Experimental*, (19), 147-164. https://www.raco.cat/index.php/EFE/article/view/218603/298341

Méndez, J., Mora, E., y Rojas, N. (2008). Manifestación acústica de las interrogativas absolutas en los Andes venezolanos. *Language Design. Journal of Theoretical and Experimental Linguistics*, (Special Issue 2), 221-229.

Mora, E. (1993). Entonación interrogativa. *Tierra Nueva*, (6), 75-87.

Mora, E. (1996). *Caractérisation prosodique de la variation dialectale de l'espagnol parlé au Venezuela.* [Tesis doctoral]. Université d'Aix-en-Provence.

Mora, E. (1997). División prosódica dialectal de Venezuela. *Omnia*, 3(2), 93-99.

Mora, E., Méndez, J., Rodríguez, M., y Rojas, N. (2007). AMPER-VENEZUELA. En J. Dorta (Ed.), *La prosodia en el ámbito lingüístico románico* (pp. 417-428). La Página ediciones S/L, Colección Universidad.

Mora, E., Rojas, N., Méndez, J., y Martínez, H. (2008 a). Atlas Multimedia de la Prosodia del Espacio Románico en Venezuela. AMPER-Venezuela. *Revista Entre lenguas*, 13, 35-42.

Mora, E., Rojas, N., Méndez, J., y Martínez, H. (2008 b). Declarativas e interrogativas del español venezolano: Percepción de la emisión con y sin contenido léxico. *Language Design. Journal of Theoretical and Experimental Linguistics*, (Special Issue 2), 231-238.

Moreno Fernández, F., y Caravedo, R. (Coords.). (2023). *Dialectología hispánica. The Routledge handbook of Spanish dialectology.* Routledge Reino Unido.

Muñetón, M., y Dorta, J. (2018). La entonación de Colombia. En J. Dorta (Ed.), La entonación declarativa e interrogativa en cinco zonas fronterizas del español: Canarias, Cuba, Venezuela, Colombia y San Antonio de Texas (pp. 159–186). Peter Lang Editions, Studien zur Romanischen Sprachwissenschaft und Interkulturellen Kommunikation, Herausgegeben von Gerd Wotjak.

Navarro Tomás, T. (1918, 2004, 28ª ed.). *Manual de pronunciación española*. CSIC.

Obediente Sosa, E. (1998). Fonetismo segmental. *Español Actual*, 69 (volumen dedicado al español de Venezuela), 1–18.

Obregón, H. (1981). *Hacia el estudio de la entonación dialectal del español de Venezuela*. Universitario Pedagógico Experimental de Maracay.

Páez Urdaneta, I. (1981). *Historia y geografía hispanoamericana del voseo*. La Casa de Bello.

Pamies Bertrán, A., Fernández Planas, A. M., Martínez Celdrán, E., Ortega, A., y Amorós, M. C. (2002). Umbrales tonales en español peninsular. En M. Barrio Parra y J. Díaz García (Eds.), *Actas del II Congreso de Fonética Experimental* (pp. 272–278). Universidad de Sevilla.

Prieto, P., y Roseano, P. (Eds.). (2010). *Transcription of Intonation of the Spanish Language*. Lincom Europa.

Pierrehumbert, J. B. (1980). *The Phonology and Phonetics of English Intonation*. [Tesis doctoral]. Massachusetts Institute of Technology.

Polanco, Ll. (1992). Lengua y dialecto: una aplicación dialectomètrica a la lengua catalana. En A. Ferrando Francés (Coord.), *Miscel.lània Sanchis Guarner* (pp. 5–28), 3. Universidad de Valencia.

Quilis, A. (1983). Frecuencia de los esquemas acentuales en español. En *Estudios ofrecidos a Emilio Alarcos Llorach* (pp. 113–126), 5. Universidad de Oviedo.

Quilis, A. (1993). *Tratado de fonética española*. Gredos.

Rietveld, A. C. M., y Gussenhovent, C. (1985). On the relation between pitch excursion size and prommence. *Journal of Phonetics*, 13, 299–308.

Rilliard, A., y Lai, J. P. (2008). Outils pour le calcul et la comparaison prosodique dans le cadre du projet AMPER, l'exemple des variétés Occitane et Sarde. En A. Turculeț (Ed.), *La variation diatopique de l'intonation dans le domaine roumain et roman* (pp. 217–229). Editura Universității Al. I. Cuza.

Rodrigues dos Santos, G., Schurt Rauber, A., Rato, A., Kluge, D., y Guilherme de Figueiredo, M. (2013). Una herramienta para experimentos de percepción. *Estudios de Fonética Experimental*, (22), 335–366. https://www.raco.cat/index.php/EFE/article/view/275536

Romano, A. (1995). *Développement d'un environnement de travail pour l'étude des structures sonores et intonatives de la parole*. [Mémoire de DEA En Sciences Du Langage]. ICP, Univ. Stendhal.

Romano, A. (1999). *Analyse des structures prosodiques des dialectes et de l'italien régional parlés dans le Salento (Italie): approche linguistique et instrumental*. [Tesis doctoral en Ciencias del Lenguaje]. Université Stendhal.

Romano, A., y Contini, M., Lai, J. P., y Rilliard, A. (2011). Distancias prosódicas entre variedades románicas en el marco del proyecto AMPER. *Revista internacional de lingüística iberoamericana*, 9 (17), 13–26.

Romano, A., Lai, J., y Roullet, S. (2005). La méthodologie AMPER. *Géolinguistique–Hors*, (3), 1–5.

Romano, A., y Miotti, R. (2008). Distanze prosodiche tra varietà friulane, romene e ispaniche. En A. Turculeț (Ed.), *La variation diatopique de l'intonation dans le domaine roumain et roman* (pp. 231–249). Editura Universității Al. I. Cuza.

Roseano, P., Elvira García, W., y Fernández Planas, A. M. (2017). Calcu-Dista: A Tool for Dialectometric Analysis of Intonational Variation. *Revista de Lingüística Teórica y Aplicada*, 55(2), 63–86. http://dx.doi.org/10.4067/S0718-48832017000200063

Rosenblat, A. (1970). *El castellano de España y el castellano de América*. Taurus.

Salvador Caja, G. (1990). Las hablas canarias. En M. A. Álvarez Martínez (Coord.), *Actas del Congreso de la Sociedad Española de Lingüística. XX Aniversario* (pp. 96–111), 1. Gredos,

Saramago, J. (2002). Diferenciação lexical interpontual nos territórios galego e português (Estudo dialectométrico aplicado a materiais galegos do ALGa). En R. Álvarez, F. Dubert García y X. Sousa Fernández (Eds.), *Dialectoloxía e léxico* (pp. 41–68). Instituto da Lingua Galega-Consello da Cultura Galega, Sección de Lingua.

Sedano, Me. (2001). Normas regionales y socioculturales del español de Venezuela. *II Congreso Internacional de la Lengua Española*. Real Academia Española e Instituto Cervantes. https://cvc.cervantes.es/obref/congresos/valladolid/ponencias/unidad_diversidad_del_espanol/1_la_norma_hispanica/sedano_m.htm

Séguy, J. (1973). La dialectométrie dans l'Atlas linguistique de la Gascogne. *Revue de Linguistique Romane*, 37, 1–24.

Serrón, S. (2007). Bilinguismo, interculturalidad y educación, las comunidades indígenas y sorda de Venezuela, una aproximación. *Opción*, (53), 52–71.

Sosa, J. (1991). *Fonética y fonología de la entonación del español hispanoamericano*. [Tesis doctoral]. Massachusetts University.

Sosa, J. M. (1999). *La entonación del español, su estructura fónica, variabilidad y dialectología*. Cátedra.

Sousa, X. (2006). Análise dialectométrica das variedades xeolingüística galegas. Y Encontro de estudos dialectológicos. En M. C. Rolão Bernardo y H. Mateus Montenegro (Eds.), *Actas do I Encontro de Estudos Dialectológicos* (pp. 345–362). Instituto Cultural de Ponta Delgada.

The HCRC Map Task Corpus. (2008). https://groups.inf.ed.ac.uk/maptask/#top

Vanrell, M. (2006). *The phonological role of tonal scaling in Majorcan Catalan interrogatives*. [Tesis doctoral]. Universidad Autónoma de Barcelona.

Verlinde, S. (1988). La dialectométrie et la détection des zones dialectales: l'architecture dialectale de l'Est de la Belgique romane. *Revue de Linguistique Romane*, 51, 151–172.

Villalón, E. M. (2011). Lenguas amenazadas y la homogeneización lingüística de Venezuela. *Boletin de lingüística* [online], 23 (35–36), 143–170. https://ve.scielo.org/scielo.php?script=sci_arttext&pid=S0798-97092011001200008

Villamizar, T. (1998). *Aspectos prosódicos del habla rural de la Cordillera de Los Andes*. [Tesis de Maestría en Lingüística]. Universidad de Los Andes.

Zamora-Munné, J., y Guitart, J. (1982). *Dialectología Hispanoamericana: Teoría- Descripción- Historia*. Ediciones Almar.

XIII Censo General de Población y Vivienda. (2001). Instituto Nacional de Estadística.

APÉNDICE

Abreviaturas y siglas utilizadas en esta obra

Abreviaturas

A	agudo
Ara.	Aragua
ATA	átona-tónica-átona
Bar.	Barinas
Bol.	Bolívar
Car.	Caracas
Coord./Coords.	coordinador / coordinadores
D	declarativa (modalidad)
Dir./Dirs.	director / directores
Ed./Eds.	edición / editorial / editor, editora/editores
et al.	*et alii* (lat. 'y otros'), usado en referencias bibliográficas
para	indicar que hay varios autores.
E	esdrújulo
etc.	etcétera
F	final absoluto
F0	frecuencia fundamental
Hz	hercios
H	hombres
I	inicio absoluto
I	interrogativa (modalidad)
Inf.	informantes
Inv.	invariantes
ibid., ibidem	allí mismo, en el mismo lugar

kHz	kilo Herzios
LL	llano
Loc.	localización
M	mujeres
Mér.	Mérida
O	objeto
Org.	organizador
p.	página
P1	primer pico
PI-F	pendiente inicio-final
pp.	páginas
PMx_1	primer pico máximo
PostN	postónica nuclear
PreN	pretónica nuclear
RTM	rango tonal medio
SN	sintagma nominal
SPrep	sintagma preposicional
St	semitonos
SV	sintagma verbal
SVO	sujeto+verbo+objeto
T	tónica
TA	tónica-átona
TM	tono medio
TMG	tono medio general
.ton	tono (archivos de tono)
TN	tónica nuclear
.txt	datos (archivos de datos)
V	verbo
Var.	variantes
v. gr.	*verbi gratia* (lat.: 'por ejemplo')
v., v*id*.	véase
vs.	versus, en inglés: 'contra'
Zul.	Zulia

Siglas

ALG	Atlas linguistique et ethnographique de la Gascogne
AM	Autosegmental-Metrical
AMPER	Atlas Multimédia Prosodique de l'Espace Roman
AMPER-Esp	Atlas Multimedia de Prosodia del Espacio Románico en España
AMPER-Venezuela	Atlas Multimedia de Prosodia del Espacio Románico en Venezuela
CNE	Consejo Nacional Electoral
Sp_ToBI	Spanish Tones and Break Indices
ToBI	Tones and Break Indices

Agradecimientos

A Josefa Dorta Luis, Catedrática de Lingüística General del Departamento de Filología Española de la Universidad de La Laguna, vicecoordinadora del proyecto AMPER para el dominio del español e investigadora principal de dos proyectos del plan nacional en los que la investigación de la entonación del español venezolano tuvo un lugar destacado: la presente monografía es, sin duda, fruto de esa trayectoria. Los proyectos son los siguientes:

· *La entonación interrogativa y declarativa del español de Canarias y su relación con la de Cuba y Venezuela* (2011–2014, FFI2010-16993).
· *Estudio comparativo de la entonación y del acento en zonas fronterizas del español* (2015–2018, FFI2014-52716-P).

A Elsa Mora Gallardo, profesora Titular del Departamento de Lingüística de la Escuela de Letras de la Facultad de Humanidades y Educación de la Universidad de Los Andes y coordinadora del proyecto AMPER-Venezuela, por ceder los materiales que son la base de la descripción entonativa de esta obra y que difícilmente se podrían haber obtenido sin que la variedad de habla del investigador fuera la venezolana.

www.ingramcontent.com/pod-product-compliance
Lightning Source LLC
Chambersburg PA
CBHW071410160426
42813CB00085B/758